奇蹟之路

解除人世間一切煩惱的覺醒練習

种巍強／著
郭宏昌／企劃

Joyful Life.12

奇蹟之路：解除人世間一切煩惱的覺醒練習

作　　者　种巍強
企　　劃　郭宏昌
封面設計　柯俊仰
特約編輯　陳俞伶
主　　編　高煜婷
總 編 輯　林許文二

出　　版　柿子文化事業有限公司
地　　址　11677臺北市羅斯福路五段158號2樓
業務專線　（02）89314903#15
讀者專線　（02）89314903#9
傳　　真　（02）29319207
郵撥帳號　19822651柿子文化事業有限公司
E-MAIL service@persimmonbooks.com.tw

業務行政　鄭淑娟、陳顯中

初版一刷　2020年12月
定　　價　新臺幣380元
I S B N　978-986-99409-8-6

歡迎走進柿子文化網　http://www.persimmonbooks.com.tw
粉絲團搜尋 60秒看新世界

～柿子在秋天火紅 文化在書中成熟～

國家圖書館出版品預行編目(CIP)資料

奇蹟之路：解除人世間一切煩惱的覺醒練習 / 种巍強著.
-- 初版. -- 臺北市：柿子文化事業有限公司, 2020.12
面；　公分. -- (Joyful life；12)

ISBN　978-986-99409-8-6（平裝）
1.靈修

192.1　　109017992

學員迴響

此書邏輯清晰，觀點明確，章節環環相扣，層層遞進，實用的內容很多，對於作者能將真理通過如此清晰的邏輯文字表達出來，我感到十分驚歎，也看得津津有味。字裡行間，我看到了作者修行之深入，對真理理解之透澈，乃至分享之迫切。文中每一句都是實戰的經驗分享，每一句話，都讓我捨不得落下。

為了闡明真理，作者所舉的例子平常而接地氣，很容易把人代入場景之中，再配合書中對應的解說和操練步驟，將奇蹟思維如何運用於實際生活中，以及其所帶來的奇蹟心境和附帶的利益，一一呈現於我的眼前，讓我驚歎於奇蹟思維的威力和其帶來的平安境遇，這與以往我們用把世界當真的那套思維體系所帶來的結果完全不一樣。把書中的內容拿到實際生活中去操練，實作性也很強。操練後再回頭看書中的內容，理解也更深刻了，本書引領了我走上了學習《奇蹟課程》的道路，是一本不可多得的好書！

——快樂的學徒

宇宙萬物何以存在？人生何以忙碌苦澀？人與人何以矛盾重重？在我身心困頓、生活迷茫的那段日子，內心強烈渴求一位心靈導師的解惑。种老師的《奇蹟之路》飄然而至，心裡的迷團瞬間釋然，我驚呼：「這就是我想要的！」它帶我直達《奇蹟課程》的神聖殿堂，平安、寂靜、喜悅、博愛已經來臨。

我確信此生只為奇蹟而來，終將回歸天鄉。

——原元

這絕不是一本看的書，而是讓你實作的練習手冊，實作的效果完全超乎你的想像！

人世間真正的幸福棲息在一無所懼的心靈之內！通過這本書的實作，會讓你在「潤物細無聲」中打下扎實的平安基礎，會讓你在人間活出天堂的滋味！祝願我的弟兄早日重返家園，阿門！

——常青樹

修行之路就像爬山，不到山頂是看不到全部風景的。近十年來我一直在爬山，宗教、身心靈……卻似乎總是迷茫，心靈依舊不安，遇事情恐懼焦慮……直到二〇一九年年初，一位網友推薦了《奇蹟之路網》，讓我這個求道之人看到了山頂的風景，如飲甘露，酣暢淋漓，網站內容簡明扼要，用最簡單直接的語言為求道之人展開了宇宙全部風景。

當時沒有紙質書，我自己列印出來反復閱讀，一遍一遍地讀，恐懼的心靈逐步邁向了平安。我把書中的奇蹟思維、奇蹟心境應用在自己的生活中，一年多來獲益匪淺，夫妻關係逐步改善，親子關係也愈來愈好，周圍的人事物漸漸順滑起來。自己的關注點由向外轉向內，一整個大轉身，而這個轉身讓我的心靈愈來愈平安圓滿。這是一本只要你用就會帶來轉變的神奇之鑰，解除你在人間的一切煩惱。

——感恩一切

即使我有禪宗基礎，可是在看《奇蹟課程》正文時，依然感覺無從入手，根本看不懂其中的義理。直到遇到《奇蹟之路》之後，我根據書中的方法每天操練奇蹟思維，並繼續去理解正文的含義，在不知不覺中，我已經能看懂大部分的正文了。而且，由於堅持操練奇蹟思維，我的心境也愈來愈平安了。

非常感恩這麼實用有效的操練方法，讓我明確了回歸之路，從此心中不再迷茫。

——淨依

無意間在奇蹟課程的圈子裡，看到种巍強老師這本書，當時只有一篇，就很吸引我，後來看了整本書之後，更是為之震撼，佩服得五體投地。本書看似簡單卻必須反復讀好幾次，才能真的弄懂其中的原則！這本書是以解除人世間的煩惱為主要核心，將《奇蹟課程》的方法原則運用在生活上，目前市場上沒有這樣實戰操練的書！

讀這本書有兩大好處：第一，可以縮短你瞭解《奇蹟課程》的時間，包含《告別娑婆》系列的書。學過《奇蹟課程》的人都知道，那真的是很不容易讀懂的天書，所以對很多人來說，這本書可說是提供了太大的幫助。第二，可以解決我人際關係上的問題，尤其是與家人相處的狀況，這本書真的做到了可以解除人世間的煩惱——你真的做了，就會知道這本書的威力了，就怕你不敢去做！

人生在世一輩子，總會苦惱沒有出路或沒有更好的選擇，而這本書就是來教會你怎麼走出一條平安的人生境遇。要想真正轉變人生境遇，就是相信這本書，澈底的相信。

能遇到這本書就是你的機緣已經來到了！

最後感謝聖靈，感謝上主！讓這本書出版救世！

——郭宏昌

經別人推薦，我找到了《奇蹟之路》。書中的實作練習完完全全吸引了我——「原來是這樣啊！」然後，我又一次拿起了《奇蹟課程》。這一次，我好像更懂得裡面的意思——心靈感覺找到了歸宿！

我開始實操，按照《奇蹟之路》講的，一遍又一遍，去看書，去操作！我感受到了聖靈無處不在，也體驗到了寬恕的力量，嚐到了甜頭，我是幸運的，感恩遇到《奇蹟之路》。

我不在這兒，我在上主天心裡，從來沒有離開過。

——康大夫

《奇蹟之路》以通俗易懂的語言、接地實用的方法，將《奇蹟課程》艱澀難懂的純一元理論活靈活現的運用到二元世界生活的方方面面，隨著我在生活中按照書中介紹的真寬恕、給予純潔無罪、放下需求、交託恐懼等奇蹟思維的操練，不僅使心靈時時體驗到平安，而且獲得了平安境遇，並且能夠更加深刻地理解和領會《奇蹟課程》的理論。

書中的奇蹟思維能夠強而有力地破解生活中的困局，也是踐行「愛內沒有怨尤」——的靈丹妙藥。

——妙友

《奇蹟之路》不僅解釋了宇宙是怎麼來的，以及人世間煩惱的來源，更是一本實作練習，為讀者提供了解決一切煩惱的方法。每當我對生活感到迷茫或糾結於人際關係時，就會把這本書當作自己的「解藥」，反復品味，並按照當中的步驟操練寬恕。在此過程中，我感受到內心逐漸變得平安，這是我讀這本書最大的收穫。

——張睿璿

《奇蹟課程》這套「怪書」，雖然強調實踐甚於理論，體驗甚於神學，卻連《奇蹟課程學員練習手冊》的三百六十五課，也大多虛無縹緲，近乎夢話，所以很多學習《奇蹟課程》的人們大多還是不得其門而入，然後才出版《告別娑婆》系列輔導書籍，催生了一股股靈性學習的潮流。《奇蹟之路》名副其實，從路怒症的克服到夫妻大戰日常的化解，還有其他人際關係的巧妙又自然的處理以及工作、法律場景的提醒等等，用「真寬恕」的實戰真諦教人輕鬆面對人生和生命。希望每一位關注愛與奇蹟的靈性愛好者都來一睹為快！

——飛葉

前　言

我之所以寫下這些信息，只是希望能為真理發聲，而這些聲音無一不來自《奇蹟課程》，所以本書可說是《奇蹟課程》的實戰代言。當然，我雖身為作者，卻也只是上主兒女中的一員，同樣的，我只是《奇蹟課程》眾多代言人中的其中之一。不過，我希望你能通過閱讀這本書踏上奇蹟之路。

此外，本書依託著一個網站（www.miraclestaiwan.com），並與這個網站遙相呼應，而這個網站又依託著有身體的奇蹟心靈治癒師，並與治癒師遙相呼應。所以，本書不但是「活」著的，它還會永遠「活下去」——因為會有愈來愈多的治癒師不斷地出現在網站中，而這些治癒師又會確保聖靈的意志代代相傳。

關於本書的內容主要分上、中、下三大篇和附錄：

①在上篇〈必讀信息〉當中：第一章和第二章面向大眾，這兩篇信息會勾勒出你內心超越極限的記憶；接下來的中間幾章，則講述了《奇蹟課

程》幾個重要思維模式的運用，你可以通過這些講述來親自實戰奇蹟思維；最後一章則代表了奇蹟心靈治癒師要遵循的純淨規則，這些規則可以為你指明一些方向。

②中篇〈溫柔的輔助〉中的所有信息來自于安安的通靈作品，這些信息不但對你的心靈具有溫柔的治癒作用，還能輔助你完成上篇的閱讀。

③下篇〈奇蹟問答錄〉則回答了你在修行之路上，有可能會碰到的一些普遍性問題。

④〈附錄〉的作用是把本書與主要教材《奇蹟課程》進行銜接。

最後，我切願（注：深切的發願）能與你和所有人一起開啟那偉大的「奇蹟時代」。

上篇

必讀信息

1

宇宙的誕生和我的真相

（大眾基礎篇）

人活在世上的煩惱分為幾種：

①你會因為追求不到某些事物和人際關係而感到匱乏和恐懼。

②你想改變命運、改變別人，可是你做不到，所以你經常活在憎恨別人和自我憎恨的痛苦中。

③當你追求到一些能讓內心滿足的事物和人際關係之後，你卻發現這種滿足感並不能長久。於是，你只好又去追求一些新的目標，最後，你進入了一個難以擺脫的惡性循環——「追求但得不到」能夠讓心靈永久滿足的東西——始終跳不出來。

④有時候你會覺得，你為別人付出的太多，可是得到的又太少，而且你還無法改變什麼，以至於你只能精疲力竭地撐在那裡。

⑤你對未來、疾病和死亡的恐懼。

總之，人世間的煩惱林林總總，成千上萬，我就不一一說明瞭，因為我要講述的是如何解除這一切的煩惱。

那麼，要想解除人世間的一切煩惱，你需要具備一個基礎的認知，那就是你得先要瞭解人世間幾個迷思的答案才行。這些迷思可以概括為：這個如此龐大的宇宙是怎麼來的？我的人生意義是什麼？我是誰？我從哪裡來，又要到哪裡去？

這幾個問題的答案即是解除人世間一切煩惱的基礎。科學家和生物學家如何回答這些迷思我就不談了，下面我直接進入主題，講述一下這些迷思的答案。

首先，我會用一些文字帶你進入一個想像空間，你可以隨著這些文字一起想像。

我們每個人在洗澡時都泡過熱水池，而且這個世界上也有很多溫泉，你可以先想像一下自己泡在一個無限大的溫泉裡是什麼感受。這個感受肯定是非常的溫暖、舒服和愜意。然後再進一步設想，如果你在泡溫泉的時候變成了溫泉裡的一滴水，能感受到什麼？

你會感受到以下幾點：

①你這個水滴和整個溫泉是一體的，而且你和其他無限多的水滴也是一體的。所以你首先會感受到：你就是溫泉。

②感受到澈底的安全。因為這個溫泉是無限大的，溫泉是沒有邊際的，所以你知道自己是不會脫離整個溫泉的。

③你會感受到你是無憂無求，沒有任何匱乏的。因為一滴水存在於溫泉中是不用做其他事情的，你所能做的，就只有純然地享受著整個溫泉的溫暖和舒適。

以上這些就是你作為溫泉裡的一滴水的幾個重要感受。接下來，我會繼續把這個水滴擬人化。當這個小水滴在無憂無慮地體驗著溫泉的溫暖和舒適的某一瞬間，突然出現了一個小小的狀況，這個小水滴在某一瞬間憑空出現了一個小小的念頭，類似於：「如果我在溫泉之外自行發展會如何如何……」然而，隨著這個念頭的出現，小水滴就進入了一種類似於人世間的走神狀態。

走神的狀態我想每個人都有過，例如學生在上課時，課聽著聽著就走神了。

拿我自己打比方好了，我上學的時候比較愛踢球，有時候在課堂上聽課時，會突然出現一個念頭：「我現在要是在操場上踢球，會是什麼樣子呢？」然後，我就進入了一個幻想的空間，幻想我在球場上如何踢球、如何過人和射門。有時候，老師看到我走神了，就會往我的臉上扔一個粉筆頭，然後我才恍然大悟現在正在上課，我根本沒有在操場上踢球。又有些時候，因為天氣炎熱，我會在上課的時候走神到樹蔭下乘涼。我想走神的狀態你應該也有過，所以就不多解釋了，我只是要提醒你，走神狀態最關鍵的一點就是：不論我上課怎麼走神，我肯定沒有離開過教室。

這個小水滴也是如此，當他出現了一個「如果我在溫泉之外自行發展會如何如何……」的念頭同時，就進入了走神狀態，而走神狀態首先會導致他的屬性發生一個重大改變。

小水滴的屬性本來是純體驗和純享受型的，他一直在體驗著整個溫泉的溫暖和舒適。可是，當他因為那個小小的念頭而進入走神狀態的同時，他之內就憑空出現了一個新的東西，這個東西就是無形無相的意識，而這個意識所產生的第一個認知是：「我這個水滴從溫泉裡脫離出來了。」這也就是說，當小水滴進入了走神狀態，他的屬性就從純體驗型變為意識型，而且這種改變還讓小水滴在一瞬間失去了存在於溫泉中的所有感受——這就好似我剛才所舉的例子，我在上課的時候走神到操場上踢球，我瞬間就失去了在教室中上課的感受，這個小水滴也是如此。

可是，這個水滴意識在經過了第一個認知之後，並沒有直接進入任何的幻想空間，因為他在走神之前只知道溫泉的存在，其他的東西對於他來說根本就不認識、也不存在。所以，當水滴進入了走神狀態之後，他就只是在一個沒有空間的境界中獨處著。在這個獨處的期間裡，這個無形無相的水滴意識產生了以下的想法：「我怎麼從舒服和安全的溫泉裡出來了呢？」「我真的出來了嗎？」「我怎麼記得我在溫泉裡純粹地享受著溫暖和舒適呢？」此時，水滴意識之內就出現了兩種聲音：

①我沒有離開溫泉，現在是我的錯覺。

②我真的從溫泉裡脫離出來了，我可以自行發展一下了。

然後，這個水滴意識在經過一番較量之後，最終選擇了第二種聲音並做出了決定：「我真的從溫泉裡脫離出來了，我要自行發展一下了。」至此，溫泉中的全部體驗就成為了他的「記憶」。

接下來，這個無形無相的水滴意識不斷地回憶起他在溫泉之內的溫暖、舒適和安全，然後把這些感受與現在孤苦伶仃的自己做了比較。比較之後，他發現溫暖、舒適和安全的感受都不在了。這就讓水滴意識產生了一種從來沒有過的感受，也就是匱乏感；然後，隨著這種比較不斷地進行，水滴意識的匱乏感就愈來愈大；最後，他因為巨大的匱乏感而出現了以下一個致命想法。這個想法類似於：「瞧瞧我自己幹的好事，溫泉這麼的無限、這麼的溫暖和舒適、這麼的照顧我，可是我卻無聲無息的自己跑了出來，我做了一件錯事。」至此，水滴意識認為自己離開溫泉是一個大錯，負罪感與憎恨也被他體驗到了。

然後，這個水滴意識又開始聯想：「溫泉現在也肯定知道了我的不辭而別，所以他現在一定很憤怒，也肯定不會放過我的。何況溫泉還這麼強大，我哪裡是他的對手？我遲早會被他抓住並被他毀滅的。所以，我還是趕快逃跑吧，跑到一個沒有溫泉的地方。」此時，水滴意識認為自己離開溫泉是對溫泉的叛逆，所以他之內就出現了害怕被溫泉報復的恐懼，最後，他又因為這樣的恐懼而想到了逃跑一途。水滴意識此時的想法，其實就是人世間的這類想法：「某人一直對我特別地照顧，簡直就是無微不至地關懷，可是我卻一聲不吭地離他而去。我辜負了他，也澈底把他得罪了，而且這個人現在也一定會因為我的不辭而別而憤怒無比，所以我可不能被他抓住。如果被他抓住，他一定會整死我的。」

然而，真實的情況是什麼？

真實的情況是——小水滴根本就沒有離開過溫泉，他只是進入了走神的狀態，才會產生這一系列錯誤的想法，而這些錯誤的想法本身也只是一個錯覺。

在這個環節中，最有趣的地方是：雖然小水滴誤認為自己離開了溫泉，但溫泉卻非常清楚小水滴沒有離開過他，所以他還是一如既往地把溫暖和舒適給予小水滴，只是小水滴進入走神狀態之後就體驗不到了。

然後，最關鍵的一步開始了，這個自認為有罪並被恐懼占據的水滴意識開始逃跑了，而且他深知在逃跑的過程中要完成兩件事情：

第一件事，他要在逃跑的過程把自己內在的負罪感驅逐出去。這是因為恐懼來自他之內的負罪感，唯有把負罪感驅逐出去，他才能夠活得心安理得。這就好似人們在爭吵的時候都愛說自己是對的而別人是錯的，因為只有把罪和錯誤推到別人身上，他才能活得心安理得。

第二件事，他要跑到一個沒有溫泉的地方，而且這個地方連溫泉的影子都不能有。這樣一來，他才能澈底遺忘掉溫泉，並澈底擺脫掉被溫泉追殺的恐懼。

就這樣，當水滴意識確認好要完成的兩件事之後，驚天動地的逃跑劇上演了。就在他逃跑的一瞬間裡，這個無形無相的水滴意識同時同步完成了以下幾個關鍵的事情：

①這個無形無相的水滴意識憑空設計並憑空幻想出一個和溫泉澈底相反的世界，因為只有與溫泉的特質處處相反，他才能證明自己已經逃離了溫泉。首先，我們來瞭解一下溫泉的特質：一體性、不變、無限、無相、永恆、無所不容的溫暖、一無所缺、沒有對立；而水滴意識一瞬間設計出的世界，正好和溫泉相反，這個世界的特質為：個體性、變化、特點、形象、時間、分離、匱乏、二元對立。當水滴意識設計好這些特質之後就瞬間幻想出了這個世界，這種幻想可以稱為「幻相的投射」，就和人在走神的瞬間進入一個幻想場景是一樣的。那麼，這個被幻想出來的世界到底是什麼樣子呢？這個世界擁有著幾千億個獨立的星系和近似無限數量的獨立身體。這幾千億個獨立且分離的星系組成的空間，正好對應那一體性的溫泉，而那近似無限數量的獨立身體，正好對應那溫泉中無限數量的一體性水滴。

②在投射出所有星系和所有身體的同時，水滴意識把他之內的負罪感全部驅逐到了這些星系和這些身體之中——這個驅逐罪的過程和投射出所有星系和身體的過程是同時同步完成的。這種同時同步的模式也可以說成：當

這個水滴意識把他內在的負罪感驅逐出去的同時，這個巨大的負罪感直接幻化成了幾千億個星系和近似無限數量的身體。

③當水滴意識投射出所有星系和無數身體的同時，發生了更為關鍵的一步，那就是這個他同時進入了自己投射出來的一具身體之內。這具身體和其他身體沒有什麼不同，但這具身體卻是水滴意識擺脫負罪感的最關鍵工具。因為對於一個無形無相的水滴意識來說，根本就沒有內在和外在之分，因此，不論他如何驅逐罪，只要沒有外在，就不可能把內在的東西驅逐於外。也因為這樣，他必須利用一具身體把內在和外在澈底地劃分出來，這樣他才能把內在的負罪感驅逐於外——這就是他進入一具身體的原因。而且，就在他進入身體的那一刻，這個無形無相的水滴意識就成為了一種新的意識，那就是「自我意識」，而自我意識誕生後的第一個認知就是：「我是一具嶄新的身體，我是純潔無罪的，我的身體之內叫做內在，我的身體之外叫做外在，而且我還活在一個真實的宇宙中。」至此，水滴意識終於利用了一具綁定了自我意識的身體驅逐了他之內所有的負罪感。與此同時，這所有的負罪感正好幻化成了一個與溫泉特質相反的世界，而這個世界又正好獨立於自我意識所綁定的那具身體之外。至此，宇宙終於誕生了。

當宇宙誕生之後，那個成為了自我意識的水滴意識便澈底遺忘了溫泉，也澈底遺忘了宇宙是他一手營造出來的，以至於他現在還認為自己活在一個真實的宇宙中，這個人就是你。不論你是什麼人，引爆宇宙的正是此時在看這篇信息的你。

以上信息為宇宙誕生的簡易講解，下文再來簡單地說說你到底是誰。

因為你肯定不是溫泉裡的一滴水了，那只是一個比喻，但是你可以把溫泉替換成一個「地方」，這個「地方」的特質是：一體性、無相、完美、不變、永恆、無限、純淨、完整、富裕、生生不息、無所不容的聖愛、沒有對立、純一元。

這個「地方」才是你真正的家園，而真正的你也不是一具身體，真正的你是活在這個家園中的一個無形無相的完美靈性，並且你這個完美的靈性既與家園一體不分，又永恆地享受著整個家園的極樂和富裕——這就與一滴水活在溫泉中是同一個道理。此外，活在家園中的你也不孤單，因為在這個家園中還有著無限個與你一模一樣的完美靈性，他們都與你同在——這也與溫泉中的一滴水和其他無數水滴一體同在是同一個道理。

這才是你的一切真相。

只是，當你這個完美的靈性在永恆享受著極樂的某一瞬間，憑空出現了一個「如果我在家園之外自行發展會如何如何……」的念頭之後，你這個完美的靈性就進入了走神的狀態，這種走神的狀態就好似打了一個小盹、進入了一個夢境。然後，你在虛幻的夢境中，先是誤認為自己離開了極樂的家園並產生了巨大的匱乏，然後又因為巨大的負罪感和恐懼而投射出一個大得不可思議的宇宙並活在其中，這就是你所有的真相。

所以，對於真正的你來說，你現在只是夢到了一個宇宙空間，夢到了時間，夢到了自己是一具身體，夢到了其他的身體，夢到了自己的出生和死亡，夢到了自己的一生，僅此而已。

接下來，我再用兩個人世間的例子簡單說明一下宇宙誕生的模式在人世間留有的證據。

當你看到一個嬰兒出生，你會認為這個嬰兒有什麼罪嗎？絕對不會。因為他是一具嶄新的身體，是純潔無罪的。所以，每個來到這世上的人都會綁定著一具嬰兒的身體，這就可以表達出他是一個純潔無罪的生命。這個模式就是宇宙誕生那一刻，自我意識綁定身體並獲得純潔無罪的重複模擬。

你還可以思索一下，這世上的每一個人，是不是在生活中都經常會有這樣的想法：「我是無辜的，都賴你們。」每個人，哪怕是監獄裡的罪犯，都會如此想：「我所做的事情都是有原因的，是因為社會問題或家庭問題，或者我是被某個人逼的等等，所以我是無辜的。」這樣的想法之所以很常見，是因為它本身就是宇宙誕生那一刻「把負罪感驅逐於外」的不斷重複。

所以，宇宙誕生的模式和內涵從來沒有在人世間消失過，只是形式有所不同，特別是在人際關係領域。你如果能細心地觀察人際關係中的衝突，就會發現人世間的煩惱無非就是把罪推來推去，僅此而已——因為誰也不願意擁有負罪感，誰都寧可活得純潔無罪。

本次信息我用溫泉和水滴作為比喻，簡單地講述了宇宙的誕生過程和你是誰。這篇簡單的信息對於你來說只是一個敲門磚，如果你願意繼續學習解除一切煩惱的方法，你可以閱讀下一章〈宇宙的誕生和我的真相（基礎深入篇）〉，我會用正統的文字深入地講解宇宙的出現和你的真相。

最後，我再簡單地說明一下宗教範疇與本章信息如何接壤。如果你是基督教徒，你可以把溫泉替換為基督教的天堂；如果你是伊斯蘭教徒，可以把溫泉替換成伊斯蘭教的樂園；猶太教可以把溫泉替換為無形無相的真神境界；佛教中沒有特別準確的辭彙，若你是佛教中人，可以用無餘依涅槃替換溫泉；印度教裡有個梵天，可以替換溫泉。至於其他的宗教，我就不繼續說明，畢竟這些宗教辭彙其實都是在訴說同一個「地方」和同一種「覺悟」。

2

宇宙的誕生和我的真相

（基礎深入篇）

本章信息我會用正統的文字講述宇宙的誕生和你的真相，從而可以為你打下一個解除一切煩惱的堅實基礎。本章信息承接〈宇宙的誕生和我的真相（大眾基礎篇）〉，所以你要按照順序閱讀才能徹底理解。

首先，先與讀者做一個名辭解釋，這將會有助於你能夠更好地理解本章信息。

意識和**潛意識**的定義和劃分：以上一章信息作為參考，那溫泉中的小水滴因為小小的一個念頭生出無形無相的意識，而意識在剛誕生的時候並沒有體驗到匱乏感和負罪感，也沒有體驗到恐懼和其他感受——這時候的這個非常純淨的意識就稱為「意識」。在這之後，這個非常純淨的意識體驗到了匱乏感、負罪感、恐懼和憎恨等感受——這時候的意識就成為「潛意識」，潛意識也可稱作「妄念心靈」。這就是意識和潛意識的定義和劃分。

下面我開始用正統的文字進行講述。首先，還是以上一章信息作為參考，詳細地講述一下你的家園和真正的你到底是以什麼狀態存在著：

在一個沒有時間也沒有空間的覺知領域，無始無終的存在著一個永恆的抽象生命，這個生命也肖似於一種「永恆之境」，他的屬性是無相、完美、不變、永恆、無限、純淨、完整、富裕、神聖、生生不息、無所不容的聖愛、沒有對立、純一元。若要用其他名辭去代替這個生命，我們可以稱之為「上主」、「真神」，或者是「完美的造物主」。這個生命就是你的整個家園，並且因為真正的你只是被這個永恆的生命創造出來的一個完美的靈性，而且你這個完美的靈性還是被這個永恆的生命從他內在創造出來的，所以，在你誕生的那一刻，你就和這個永恆的生命一體不分。

當你被上主（永恆的生命）創造出來之後，你就和上主一模一樣。你是一個無相、完美、不變、永恆、無限、純淨、完整、富裕、神聖、抽象、永恆如是的靈性。你活在上主內，上主也活在你內。就這樣，在你被創造出來的那一刻，你就永遠與上主一體同在，你也永遠與上主創造出來的其他無限數量的靈性一體同在，而且你們這些無限的靈性在誕生之後就永恆地享受著上主之內所有的極樂和富裕，並直到永遠的永遠。

這才是你的一切真相。

可是，現在的你已經把這個真相忘得一乾二淨了。那麼，你是怎麼遺忘掉這個真相的呢？這還是要從上主把你創造出來之後說起……

當上主把你創造出來之後，你這個完美的靈性就永恆地體驗著上主之內無盡的極樂。不過，就在你永恆享受著極樂的某一瞬間，突然出現了一個小小的狀況，這個狀況是你之內憑空出現了一個小小的念頭，這個念頭類似於：「如果我在上主之外自行發展會如何如何……」就當這個念頭出現的同時，你這個靈性就進入了一個類似於人世間的走神的狀態，然後你就在一瞬間失去了活在上主之內的所有感受。與此同時，又因為那個小小的念頭，你之內還憑空出現了一個新的東西，這個東西就是無形無相的意識。而意識所產生的第一個認知就是：「極樂的感受不在了，我不在上主之內了。」至此，你和上主之間就出現了第一次「分裂」。

第一次「分裂」：你站在一個靈性的角度，隨著一個小小的念頭進入了走神狀態，並產生了無形無相的意識，然後你誤認為自己脫離了上主。

接下來，這個無形無相的意識之內就出現了兩種對立的猜測：第一種猜測是「我和上主的分離只是一個錯覺」，第二種猜測是「我真的從上主內脫離出來了，我可以自行發展了」，並且意識在經過了一番較量後，最終認可了第二種猜測。

這就是強化了第一次「分裂」的第二次「分裂」：意識之內產生了兩種猜測，然後意識認可了第二種猜測。

接下來，這個無形無相的意識雖然認可了自己真的從上主之內脫離出來，但是此時的他根本就不認識其他任何的東西，因為他只認識和記得上主，所以，這個無形無相的意識在誕生之後，只是在一個沒有空間和時間的境界中獨處著。然後，他不斷地回憶起活在上主之內的極樂感受，並把這些感受與此時的自己做比較，比較之後，他認為自己已經失去了一切極樂的體驗和保障。此時，這個意識產生了超級大的匱乏感，並且又因為這個巨大的匱乏感而產生了一個致命的想法：他認為自己從上主的家園中脫離出來是一個滔天大錯——至此，超級大的負罪感和內疚感被他體驗到了。然後，這個無形無相的意識又聯想到，他對上主的不辭而別是對上主的絕對叛逆，而且他的不辭而別也一定會使上主無比的憤怒。至此，他之內又產生了害怕被上主報復和毀滅的巨大恐懼。

就這樣，這個意識在經過一系列的想法之後，被巨大的負罪感、內疚感和恐懼澈底給牽制住，這時候的意識就成為潛意識。最終，這些巨大的負面感受——尤其是怕被上主毀滅的巨大恐懼——澈底突破潛意識能承受的極限，並澈底把潛意識逼瘋了。然後，這個被逼瘋的潛意識想到了逃跑一途，並且馬上付諸實踐。就在他逃跑的一瞬間裡，同時同步發生以下的事情：

①這個潛意識在逃跑的一瞬間，憑空設計出了一個和上主家園澈底相反的世界。因為只有這樣的世界，才能促使他遺忘掉憤怒的上主，所以也只有這樣的世界，才能作為潛意識最後的歸宿。上主家園的特質：所有生命的一體性存在、無相、完美、不變、永恆、無限、純淨、完整、富裕、生生不息、純一元。潛意識設計出的世界特質：所有「生命」的個體性存在、形象、特點、變化、時間、局限、複雜、分離、匱乏、死亡、二元對立。

②潛意識按照以上的特質在一瞬間憑空幻想（或說憑空投射）出了幾千億個星系和近似於無限數量的獨立身體，與此同時，他還把所有的負罪感都推到了這些星系和這些身體之中，並且「投射出星系和身體」與「把罪推到他們之內」是一瞬間同時同步完成的。這個過程也可以這樣理解：當潛意識把所有的負罪感投射出去的一瞬間，這些負罪感直接幻化成了一個和上主家園澈底相反的世界。潛意識之所以這樣做，是因為所有的恐懼都來自他之內的負罪感，如果他想要擺脫所有的恐懼，就必須把罪推之於外。這就是宇宙形成的一個基礎。

③與此同時，潛意識還進入了自己投射出來的一具身體之內。這具身體和其他身體沒有什麼不同，但是這具身體卻是潛意識擺脫負罪感最關鍵的一步，因為對於一個無形無相的潛意識來說，是沒有外在和內在之分的，所以他必須利用一具身體把內在和外在區分出來，這樣他才能把罪推之於外。所以，在潛意識把罪投射出去形成宇宙的同時，他就直接進入了一具身體之內。這樣一來，身體之內就是內在，身體之外就是外在了。至此，罪就不在他的內在，而是形成了他身外的宇宙了，那麼他的負罪感和恐懼也就隨之消失了。**並且，當潛意識進入一具身體的同時，就催生出了一個新的意識**，那就是「自我意識」，而自我意識誕生之後所產生的第一個認知就是：「*我是一具嶄新的身體，我是純潔無罪的。*」至此，自我意識就澈底遺忘了他曾經是一個潛意識，更澈底遺忘了上主的家園。

④宇宙誕生的一瞬間還圍繞著一個核心的內涵，這個內涵就是潛意識最後要達到的目的。當宇宙和自我意識誕生之後，自我意識雖然遺忘了潛意識，但是潛意識並沒有消失，此時的潛意識只是融合在了自我意識之中罷了。也就是說，在潛意識進入身體的那一刻，他不但催生出了自我意識，他還直接融入進了自我意識之中。那麼，潛意識為什麼要與自我意識融合呢？這是因為此時的自我意識已經和一具身體綁定了，而身體具有六種器官：眼、耳、鼻、舌、身體和大腦。這六種器官又對應著宇宙裡的六個範疇：視覺、聽覺、嗅覺、味覺、觸覺和思維想法。視覺可以看到有形有色的物體；聽覺可以聽到各種聲音；嗅覺可以聞到各種氣味；味覺可以嚐到各種味道；觸覺可以體驗到不同的身體感受；思維想法可以分析出宇宙中的各種自然規律並產生出無數的知見。例如：你知道玻璃杯掉到地上會破裂，所以你拿玻璃杯的時候會握緊，這就是思維對應地球引力和物理學的一種知見，而且思維所產生的知見無時無刻不在附和著宇宙中的各種自然律。因此，潛意識必

須利用一具綁定了自我意識的身體來印證宇宙的真實性，這就是潛意識要與自我意識融合的原因。換一種說法，**潛意識一邊把自己化作成一個充滿自然規則的宇宙，又一邊把自己化作成一個有身體的自我意識。然後，潛意識就利用這兩方面的互動來印證雙方的真實性**。如此，潛意識才能確認出自己已經逃到了一個和上主的家園澈底相反的真實世界中，並且潛意識還要保持這種狀態，所以他一邊不斷地操控著宇宙的一切變化，一邊又不斷地操控著自我意識和身體如何去看見物體、如何去思維身外的一切，並不斷地操控著自我意識認可自己就是一具身體。就這樣，自我意識和身體成為了潛意識驗證宇宙為真的最佳工具——這就是宇宙誕生最重要的核心內涵。

以上的長篇闡述就是你與上主之間的第三次「分裂」：意識因為巨大的負罪感和恐懼成為了潛意識，你站在潛意識的角度，投射出了有形有色的宇宙萬物和近似無限數量的身體，並且，你還同時進入了一具身體之內。這具身體就是現在的「你」，「你」此時就活在第三次「分裂」中，而且你是被潛意識操控著的——人世間所說的「命運」就代表了潛意識對你的操控。

以上的所有講述即是世界與你的所有真相。這些真相在人類的經典中也有所描述，只是人類的很多經典對於宇宙的起源和創世紀的講述是完全錯誤的，因為某些經典一邊承認造物主是完美的愛，一邊卻說完美的愛（完美的造物主）創造了人和世界。仔細想想這怎麼可能？連人世間都沒有這樣的道理。你可深思一下，你什麼時候見過一隻狗能生下一隻駱駝？你什麼時候見過一隻大象能生下一隻螞蟻？如果說造物主是完美的愛，而且還是第一位的存在，那麼，祂除了完美的愛之外，怎麼可能認識其他東西？祂又怎麼可能創造出祂不認識的東西？如果說造物主是永恆的，那麼，祂又怎麼可能創造出可以死亡的身體和腐朽之物？

完美的愛只能生出完美的愛！完美的愛必定會按照祂的樣子創造祂的孩子，這才是必然的真相。所以，**你眼前的這個世界根本就不是上主（完美的愛）創造的。這個世界只是你這個靈性誤認為離開了上主之後才被你自己營造出來的**，所以，這個世界和你在這個世界裡所有的人生經歷，與上主一點關係都沒有，因為你的上主什麼都沒有做過。

我用最正統的文字講述了一遍宇宙的誕生，目的是為了幫你打下一個強大的學習基礎。下面我再講述一些宇宙和人生的常識，這樣也可以為你的心靈打開一扇窗。

首先說明一個科學常識，這個常識完全可以印證宇宙是潛意識的傑作。科學家早已證明光的速度是每秒鐘三十萬公里，如果宇宙爆炸的速度和光速一樣，或者宇宙爆炸的速度低於光速，那麼此時的人類就肯定能看到宇宙的全貌。然而，現在人類是看不到的，這就可以證明出宇宙爆炸的速度一定比光速快很多，才能出現人類看不到宇宙全貌的情況。再來，科學家又證明超越光速的東西不可能形成有形有色的物體。綜合以上所述，科學家至今仍解釋不出宇宙爆炸的形式，因為宇宙爆炸的形式必須符合以下兩點：

①宇宙爆炸的速度一定要比光速快得多。

②必須形成有形有色的物體。

那麼，能滿足這兩條的方法只有一個，那就是**幻相的投射**（或者說**思維的想像**），因為只有這種形式才能比光速快，並能形成有形有色的物體。

例如，你現在想像一下太陽，你的心中（或者說思維裡）馬上就會呈現出太陽的樣子——思想的念頭比任何東西都快，而且還能形成意象。

所以，宇宙的誕生只是潛意識在一瞬間幻想出的傑作，只是在這個傑作中包含了你的自我意識和你的身體，導致你的自我意識很難察覺出這個宇宙只是一個虛假的意象。對宇宙爆炸的正確描述應是：潛意識以分裂為基礎，一蹴而就地投射出了所有的星系，並瞬間設計出了星系和星系之間的距離和運作模式。

延伸一下上述的科學常識：你眼前的這個宇宙是有邊界的。宇宙是「你」這個完美的靈性誤認為自己離開上主之後，由於負罪感和恐懼到達了極限，才被你的潛意識投射出來的，所以宇宙是有邊界的。理由很簡單，如果恐懼沒有極限的話，宇宙就不會出現，那麼這個宇宙既然已經出現了，那就說明恐懼是有極限的，所以宇宙和恐懼一樣，都是有極限的，只是宇宙的邊際還沒有被人類看到，而有形有色的宇宙之外就是無盡的虛空。

所以，你只是活在一個有限的超級大夢幻中，而最終你也必定會從這個有限的夢境中澈底醒來，因**你本就不是一個夢中人**，夢註定是有終點的。

接著，讓我簡單講述一下人世間的死亡。世界上的每個人都會死去，這其實是宇宙爆炸的一個後遺症，因為在潛意識投射宇宙之前，就承受著負罪感和被上主毀滅的恐懼，所以，「罪能導致毀滅」就成為了潛意識中的一個固有信念。然後，在潛意識把罪投射成宇宙和眾生之後，這個「罪能導致毀滅」的信念就充斥在所有眾生之內，並轉化成了人世間的死亡，因為在人間，只有死亡才能一筆勾銷所有的罪。

這就是眾生都不免一死的根本原因。不過，你必須要知道：只有在夢中你才會死去，僅此而已。

再簡單講述輪迴；如果你相信輪迴就看，如果不相信可以忽略。

剛才已經講述了人世間的死亡只是潛意識中罪與毀滅的一個顯化，也就是說潛意識本身就承載著所有眾生的死亡，因而身體的死亡根本不能毀滅掉潛意識。而且，即便是自我意識，也不會因為身體的死亡而消失，這是因為潛意識已經融合進自我意識當中了，所以身體的死亡對於潛意識和自我意識來說只是一個假象。

當死亡來臨，只能說你「好似」死了，因為在你死亡之後，你的潛意識還會繼續操控著你的自我意識重新綁定一個非肉體的靈魂體——這時候的你還是被潛意識操控著。然後，你會再一次進入一具嬰兒的身體中，並迎接自己新的一次人生。這次新的人生和上一次的人生沒有什麼不同，因為這次新的人生也只是等待著另一次死亡的來臨。這就是輪迴。

然而你要知道，只有在夢中你才會輪迴，而且，不管你輪迴了多少次，都屬於一個持續的夢境，僅此而已。

綜合以上所述，你目前只是活在一個被潛意識操控著的夢境中，你只是夢到了宇宙和時間，夢到了自己降生在地球上，夢到了自己是一具身體，夢到了你的父母，夢到自己叫什麼名字，夢到自己上了哪一個小學，夢到了自己和某一個人結婚，夢到了自己的一生經歷，然後夢到了自己的死亡，死亡之後你又夢到自己成為一個靈魂，然後又夢到了自己投胎成為另一個人，僅此而已。

然而，最重要的是，這個宇宙是你一個人夢到的，你的身外沒有別人，包括我這個講述者在內，對於你來說也是你夢到的，只不過我此時正在你的夢中提醒你：「你在做夢。」

以上這些信息就是人生的最後一課（注：讀者學習了本書講的這一課，就是在學習回歸真相和告別夢境的課程。這一課如果學成了，那其他的人生課程〔夢中的課程〕就會隨風而逝，所以才說這些信息就是人生的最後一課），也是你註定要學習的課程，而且這些信息能夠讓你清楚認識到你是誰和這個世界出現的順序，這將會帶給你一個重新選擇的機會，因為你在這個世界中只有這一種選擇能力，那就是——從今以後，你可以不再相信潛意識呈現和操控你的那一套。

從下一章開始，我會依序講解幾個重要的思維模式，這些思維模式是你解除一切煩惱的實戰方法，也是你結束這個夢境的實戰方法。此外，這些思維模式還會大幅度地縮短你從人生大夢中醒來的時間。

最後，我再回答一個你可能會提出的問題，這個問題是很多人都在問的：「我作為上主家園內的一個靈性，為什麼會突然出現一個小小的念頭？出現的原因是什麼？」

這個問題的解答就是：你作為上主家園中的一個靈性，在某一時刻突然出現的那個小小的念頭是沒有原因，也沒有後果的。因為念頭本身就代表著虛幻，虛幻則代表著不存在和無意義，所以誰都不能描述一個不存在也無意義的虛妄念頭是如何形成的，因為它本身什麼都不是。由此可推論，隨著那個小小的念頭所產生的意識也是虛幻的，而這個意識最後形成的產物——宇宙和自我意識綁定的身體——也是澈底虛幻且不存在的。所以，你此時只是活在一個不可能存在的境地。這也是某個宗教對世界的描述，稱作「一念無明」的世界，含義即是：一個沒有原因也沒有後果的虛妄念頭營造出的一個虛妄的世界。

聲明一點，我作為一個講述者，也承認這個不存在的夢幻世界中有很多快樂的事情。不過，我可以實實在在地告訴你，這些快樂對於上主之子的真面目來說根本就沒有可比性。而且，世界上的快樂都如此短暫，如同過眼雲煙，你這一生所擁有的東西在死亡來臨的時刻就好似手中的流沙，什麼都不會留下。所以，你自行考慮是否要繼續學習後文的信息。

我主要講述的內容來自兩套書籍——《奇蹟課程》和《告別娑婆》系列叢書，《告別娑婆》是《奇蹟課程》的主要輔助教材，通俗易懂，容易理解。這兩套書籍是多語種書籍，全世界各大書店和網路書店均有銷售。

注意

從下篇信息開始，我會用「上主的天國」代替「上主的家園」進行講述。

3

寬恕和給予

從本章開始，我會用實際生活當中的各種例子來講解一套新的思想體系，而我在上篇〈必讀信息〉中所講述的，都只是這套思想體系的重點和難點。不過，這些重點和難點的講解，已足以覆蓋在你生活中每天都會發生的事情。因此，當你理解了這些重點和難點之後，可以即刻套用在自己的生活中，如此一來，你就可以自行解除生活中的大部分煩惱，並直接改變自己的命運。

學習的最終目的就是為了在生活中實戰，絕無例外。

在正式講述本章的思想體系之前，首先要帶讀者明確兩個知見，因為它們是操練這套思想體系的基礎。這兩個知見是：

①為什麼是一套思想體系來解除人世間的一切煩惱？

②罪在人世間的運行規則。

前兩篇信息我已經詳細地講述了你和世界的由來，並講述了潛意識為什麼要操控著你的自我意識把世界當真。當你從思維上持續性地認可世界為真的時候，你會持續性地獲得一些最基本的心靈體驗，這些心靈體驗可以概括為幾個字：喜、怒、憂、悲、恐。

①**喜**：你的願望和需求得到滿足之後所產生的踏實感。例如你的物質生活得到了保證，或者你得到了理想的人際關係成員，這些都會使你快樂。

②**怒**：攻擊別人，因為他們沒有達到你的要求；或者反擊別人，因為他們冤枉了無辜的你。

③**憂**：你憂慮自己得不到某一種人際關係或某種人世間的名利，憂慮自己的未來不如現在。

④**悲**：你會因為失去一些你擁有的東西而感到悲哀，包括親人的離世等等。

⑤**恐**：即是恐懼。各種恐懼本來就是如影隨形地跟隨著每一個人的，其中最具特點的一種恐懼是：你對過去做過的某些事情感到內疚，所以你恐懼未來會遭到某種報應，這讓你的心不得安寧。

以上這些即是人世間幾種最基本的心靈體驗，而這些最基本的心靈體驗都是因為你的思維對所有人物事件做出評判才產生的——並且你的一生從來不曾停止過這種思維上的評判，以至於你的心靈會接連不斷地體驗著上述的這些心靈感受。

思維評判的作用就是如此，每一種不同的思維評判必定會帶來不同的心靈體驗，所以思維永遠在頭前引路。在人世間，每個人都會先利用思維去評判人世間的一切，然後再採取行動，而這種思維評判和行動的目的也很明確：盡量多獲得「好」的心靈體驗，從而避免一些「壞」的心靈體驗——這就是人活在這個世界中一直在學習的一種能力和最大追求。

可是，這一路上，人們體驗到的大多不是「好」的心靈體驗；而且，即便人們追求到了一些「好」的心靈體驗，也不能長久地保持這些體驗。你只要想想自己就能明白了：比如你原本很窮，你窮的時候認為得到錢就滿足了，你現在有錢了，但是你滿足了嗎？或者你原來認為只要結了婚就能感到踏實，現在你結婚了，你的心踏實了嗎？再或者，你現在已經是一個大集團的老闆了，可是你現在真的很輕鬆嗎？這些問題的答案其實是不言自明的。

在人世間，人們的心中好似有一個永遠都填不滿的缺陷，當人們得到想要的東西並獲得「好」的心靈體驗後，就會發現這些東西其實沒有什麼價值，而且過不了多久，各種新的煩惱和匱乏就會接踵而至，人們就會開始新的追尋。最後，這種狀態就成為一個閉環——「去找但找不到」，而且這個閉環就好似魔咒那樣一直伴隨著你，直到死亡來臨。所以，人的一生就如同一句話：「人無千日好，花無百日紅，花有重開日，人無再少年。」最後，你也只能在這個世界中追尋到絕望和死亡，這就是每個人的一生。

綜合上面所述，當你認為這個世界真的存在並在其中追尋的時候，你必定會獲得很多「壞」的心靈體驗，而這些「壞」的心靈體驗就是你的一切煩惱。於是，我們可以得出一個結論：你所有的煩惱其實都是建立在一套把世界當真的思想體系中。

因為這樣，你如果想要解除自己的一切煩惱，首先要改變的就是你對世界的整個看法，這就是我講述前兩篇信息的目的所在。因為只有當你明白了這個世界只是一場夢幻泡影，你也只是一個夢中人（注：前面提過你的「真相」是「上主家園中的一個靈性」，並非夢中人，但因為你還在這世界學習發現你其實在做夢〔這個世界是你夢中的世界〕，所以這裡才會這樣說）的時候，你才能開始學習和操練另一套認可世界為幻的思想體系，這樣你才能慢慢地放棄掉那套把世界當真的思維體系。而透過這個過程，你的心靈體驗才會從所有「壞」的體驗中直接跳出來，並直接跳到一種從來沒有過的心靈體驗之中。

這種全新的心靈體驗的主要屬性是一種永恆的平安、沒有對立、始終如一。這就是「為什麼是一套思想體系來解除一切煩惱」的道理，這也是思維永遠在頭前引路的道理。

人世間有這麼一個規律，你要是把某一個東西給別人，這個東西你就失去了。比如你送給別人一個生日禮物，你先用錢去買，然後再送給別人，這時候這個東西就成為別人的了。人世間就是如此，給出即意味著失去。不過，我接下來要講述的這一個例子，可以讓你更深層地理解這個規律不一樣的內涵。

你是抽菸的人，有一天你在公司的走廊裡抽菸，恰巧你的一個同事忘記帶菸，就和你說：「我今天忘記帶菸了，你有嗎？給我來一根。」你回答：「我有，你抽我的。」然後你就掏出菸來遞給他一根。

這個情景在生活中很常見，現在我把這個情景變化一下：

有一天你在公司走廊裡抽菸，你的同事沒有帶菸就問你說：「我今天忘記帶菸了，你有嗎？給我一根。」你回答：「我有，你抽我的。」

然而，你說完這句話之後，卻什麼都沒有做。你的同事沒有等到你給他菸，就又跟你說：「你快點給我來一根啊！傻站著幹什麼呢？」你又回答：「我有我有，你抽我的。」然而，你還是站在那裡什麼都沒有做。最後，你的同事炸了，對你說：「你到底有沒有菸啊？你傻了，光傻站著幹什麼，有菸就給我啊，你給我才證明你有啊！」

在這個事例中，你同事最後一句話的意思是：你給我菸才證明你有菸。然而，其背後含義其實是，你同事已經不相信你有菸了，除非你給他一支菸才能證明你有菸，所以對於你來說，你只有把菸給出去，才能證明你有菸——也就是說，「你給出去什麼，才能證明自己擁有什麼。」這就是罪在人世間的運作規則。

罪屬於一種無形無相的概念。當你在生活中為了改變別人而攻擊別人的時候；當你在痛恨別人和詛咒別人遭到報應的時候，你都是在把罪這個概念給到別人之內，而且在生活中你不會認為這樣做是有問題的，因為你始終堅信把罪給予別人是不會對自己造成任何影響的。

然而，事實真的如此嗎？絕對不是。

請你回憶一下自己在生活中憎恨別人的情景。當你在憎恨別人的時候，是不是會有這樣的想法：「我當初是缺了什麼德，怎麼會認識他！要是當初不和他在一起，我現在也不至於淪落到如此地步，我真是罪有應得！」這種想法或類似的想法才是每個人身上發生的實際情況，而這種情況才是罪真正的運作規則：**罪，這個無形無相的概念是不可能因為你把它給到別人之內就和你一刀兩斷的**。而且恰恰相反，**當你把罪這個無形無相的概念通過思維給到了別人之內，你就會同時擁有負罪感和自我憎恨感**。這就好似我剛才舉出的例子，只有當你給別人一支菸的時候才能證明你有菸，因為你沒有的東西是無法給出去的，所以你給別人什麼才能確保自己擁有什麼。罪就是如此在人世間運作的，罪也是通過如此途徑才憑空出現在每個人的心靈中。

如果你不相信上述的規則，現在可以立刻做一個試驗。先隨便想一個人，如果說你想到的這個人是你的好朋友，那麼你的心裡即刻就會感受到舒服；如果你想到的是一個敵人，你的心裡即刻就會感到不舒服——這就是罪之法則的證據。

此外，在人世間，每個人一生中體驗到的大部分負面感受都源自於「把罪這個概念推到外邊」的過程，這個過程簡而言之就是：你認定自己是一個無辜的受害者，而且你是被身邊這些無法改變（你無法改變他們的想法和認知）的罪人所害。這種過程不但是一種定罪模式，它還是人們為了獲得純潔無罪而採取的一種思維上的評判。

不過，這種過程**不但不能讓人們追求到純潔無罪，冥冥中它還讓人們感知到自己也是一個罪人，並活在一個被懲罰的境遇中**——這就是人世間大部分煩惱的根源，而且這種過程和當初潛意識為了獲得純潔無罪而投射出宇宙的模式是如出一轍的，宇宙的誕生正是潛意識為了追求純潔無罪而把負罪感推到外邊的一個敗筆。

以上的講述即是罪在人世間運作的規則，而且這個運作規則還可以再延伸一步，那就是——**「從思維上你給別人什麼概念，你就會擁有和體驗什麼概念」**，這不單單是罪在人世間的運作規則，它還是思維評判和心靈體驗的固定法則。因為每一個無形的概念都會先經由你的思維給出去（不論是給別人的，還是給自己的），然後你才能在心裡體驗到這個概念，所以，「從思維上你給別人什麼概念，你就會擁有和體驗什麼概念」也是你在夢幻人間無法逾越的心靈法則——這個心靈法則還會每時每刻伴隨著每一個人，絕無例外。

你可以好好深思這兩個知見，因為它們是你學習另一套思想體系的重要基礎。此外，這兩個知見也可以為你剖析辨明——**最容易產生煩惱和痛苦的地方就是人際關係的互動**，因為如果沒有人際關係的互動，人們是不會把罪推來推去的。

當然，你看到這裡可能會說：「我的煩惱並不是來自人際關係。」例如你會說：「我煩惱的是掙不到更多的錢，買不起好車和好房，這個和人際關係無關吧！」那好，那我問你一句：「如果你沒有家人，老婆、孩子都沒有，你也沒有什麼責任，那麼你還會煩惱這些嗎？」所以，你這一生中的大部分煩惱都來自人際關係的互動，因為有時候，你已經不想再為別人活得這麼累；又有時候，你煩惱的是，一旦滿足不了其他人的各種要求，你就會活在一個你不想要的境遇中；或者，你已經不願為別人犧牲太多，因為他們根本無視你的付出。綜合上面所述，你若想解除自己的一切煩惱，就必須要在人際關係的互動中改變自己的思維模式。

以下我會用一個極其常見的生活小事開始講述這套思想體系的基礎思維模式，先針對這個例子進行剖析，再把你分別帶入攻擊方和被攻擊方進行講述。

有一天，你在公路上開車，然後你的前面突然出現了一輛開得很慢的車，它擋住了你的去路，你開始按喇叭，可是前面的車還是開得非常慢。你開始感到生氣，然後你找到了一個機會超越了前面的車，並打開車窗罵那個司機：「你會不會開車啊？白癡，你開這麼慢，後面的車怎麼辦？」然後，你關上車窗就開車跑了。

首先，簡單地闡述一下你在這個事件中的所有思維活動和心靈體驗：當你在公路上開車，你需要的是一個能讓你開快車的環境，但是前面有一輛開得很慢的車讓你失去了這個環境，於是你產生了匱乏感。然後，由於不能開快車有可能會造成你趕不上某個時間，所以接著你產生了一定的恐懼。與此同時，你還認為是前面的這個司機造成了你的匱乏和恐懼，所以把罪推到他身上並開始怨恨起他來，然後你還攻擊了他。在這個過程中，你的自我憎恨和負罪感有時候也會浮現出來，也許會有這個想法：「我今天做了什麼缺德的事情啊，怎麼這麼倒楣！碰到前面這台磨磨蹭蹭的車，真不痛快。」

那麼，以上這些思維活動和心靈體驗是如何產生的？這些思維和體驗會對你造成什麼樣的弊端？這就是接下來要詳細講述的。

我們還是要從意識開始說起：

當初意識就是因為失去了一個「完美的境界」之後才產生了巨大的匱乏，接著而來的是巨大的負罪感、憎恨感和恐懼，而此時的意識就成為了潛意識。直到這些負面感受超過了潛意識所能承受的極限之後，潛意識才把負罪感投射出去，形成了宇宙和所有眾生，並且在這個過程中，潛意識還同時進入了一具身體之內，並催生出了自我意識。當這一切都完成之後，自我意識雖然遺忘了潛意識，但潛意識卻沒有放過自我意識，因為此時的自我意識不但已經成為潛意識印證宇宙為真的一個根本工具，還是潛意識因為推罪模式而誕生出的一個融合性產物。因此，當自我意識誕生的那一刻，它不但一直被潛意識操控著，還直接繼承了潛意識的那種推罪能力。就這樣，潛意識在自我意識誕生之後，就不斷地操控著自我意識運作在它的那套「投射罪」的模式之下——也就是說，**自我意識在人世間的一種本能思維模式，即是「把罪給到其他事物和其他身體之內」**，而這也是事例中的你為什麼會有如此思維的原因。

可是，你的自我意識始終不明白，你身外的這個世界和世界中的一切形體，都只是你的潛意識幻化成的一個超級大幻夢，這一切既沒有對錯之分，又不是真的存在，所以自我意識根本不可能真的把罪推到身外。恰恰相反的是，在這個潛意識幻化出的夢境世界中，你給別人什麼概念，這個概念就會被你憑空地營造出來並被你的心靈體驗到，然後這個概念還會同時保留在你的潛意識之內。

這其實也是在本次事例中，你為什麼會有如此心靈體驗的原因。若按照本次事例來說，你前方的那個開慢車的司機，本來只是你的潛意識幻化出的一個虛幻形象，他根本就不存在，所以當你把罪給予這個幻相之時，這個罪就被你憑空地營造出來，並會同時被保留在你的潛意識之內。

看到這裡，你可能會想：「這也沒有什麼啊，反正我已經開車跑了，而且我一會兒就能忘掉這個事情，那麼這個事情就算結束了，這還有什麼可分析的。」

是的，這個事情對於你的個人思維來說的確是結束了，而且你幾分鐘就能忘掉它，但對於你的潛意識來說，這件事情還遠遠無法結束，因為你的潛意識是不會因為你思維的遺忘而遺忘這次罪的給出和擁有的。

至此，關鍵的一點出現了：這個被保留在潛意識中的罪能帶來什麼？

那就是潛意識中的內疚，因為罪必定會引發內疚。只是這種內疚分為兩種，一種是能被你的個人思維感知到的，另一種是沒有被感知到的。

以本次事例做個說明，你罵完這個開慢車的司機之後就開車跑了，一會兒你就忘了這個事情，這就屬於內疚沒有被個人思維感知到的情況。可是，如果你罵完這個開慢車的司機之後，這個司機打開車窗對你說：「不好意思，我是新手。」那麼，你還會生氣嗎？你或許會想：「何必呢？誰都是從新手過來的，我何必罵他！」或者，這個開慢車的司機當時沒有理你，你事後平靜下來回憶起這個事件，想到那個開慢車的司機又不認識你，他肯定也不是成心與你作對，此時你就會出現一些後悔的情緒。這些就屬於內疚被你的思維感知到的情況。當然，**不論內疚有沒有被你的思維感知到，罪必定會在你的潛意識裡引發出內疚。**

接著，更關鍵的問題出現了：潛意識中的內疚又會帶來什麼？那就是懲罰，因為潛意識在誕生的那一刻就認定了罪和內疚是要受到懲罰和毀滅的，所以對於潛意識來說，罪和內疚必須要通過懲罰才能消除。

那麼，潛意識的懲罰又是什麼？用本次事例來說，那就是在你罵完那個司機之後的某年某月某日裡，你在公路上開車，因為你正在接電話，所以車子開得很慢，然後你被一輛車超越並聽到了一個聲音：「白癡，你會開車嗎？」這就是潛意識的內疚呈現出的懲罰形式。當然，這種懲罰可能在形式上千變萬化，但是內涵永遠不變，你會在某年某月某日經歷被別人攻擊和定罪的逆境，或者你會經歷某種身體的損傷。

因為你的潛意識早已融合入你的自我意識中，並一直認定自己就是這

具身體。所以，懲罰必定會圍著你的自我意識和這具身體來進行——這就是老百姓常說的因果報應，這也是潛意識中的罪、內疚和懲罰的互相關聯。

因此，在這個人世間，你一生當中所碰到的一切逆境和一切糟糕的人際關係，其實都來自這種因果的循環。有時候，你百思不得其解自己的命運為何如此，但你糟糕的命運其實都是因為你在過去（有時候是跨越輪迴的）一次次地定罪並營造罪，這些罪又一次次地催生出潛意識中的內疚，而這些內疚又會一次次地營造出各種糟糕的狀況讓你去經歷，這些經歷還包括疾病的痛苦和死亡的來臨。

這就是命運的由來。

當然，你的一生中也會有很多美好的經歷，那是因為你在過去（有時候是跨越輪迴的）也曾經做過很多利益別人的事情，而這些利益別人的事情就會催生出希望被保留在潛意識之中，然後這些希望就會營造出很多人生的順境被你經歷。

這就是人的一生為什麼是痛苦與快樂並行的道理所在，也是人們常說的「善有善報，惡有惡報」的形式和內涵，你不乏從你身邊的人和自己身上看到這種形式和內涵，所以我就不多解釋了。不過簡而言之，你所有的人生經歷都是潛意識中的這些內疚和希望給你帶來的結果。

聲明一點，如何獲得好的人生順境並不是我要講述的範疇。我已經明確過了，好的人生經歷和心靈體驗是不可長久的，而且它們也只是建立在壞的經歷和體驗之上的，正所謂苦中作樂其實還是苦。所以，我所講述的重點只放在：如何才能從這個「好壞對立」的夢幻世界中澈底脫身——唯有在這個真正的目標之上，你才可以得到附帶利益：轉變糟糕的命運。

接下來，我會按照本次事例來講述另一套思想體系的運用，並講述它能為你帶來的益處，以下先再重複一遍事例。

有一天，你在公路上開車，然後你的前方突然出現了一輛開得很慢的車，它擋住了你的去路，你開始按喇叭，可是前方的車還是開得非常慢。你開始感到生氣，然後你找到了一個機會超越了前方的車，並打開車窗罵那個司機：「你會不會開車啊？白癡，你開這麼慢，後方的車怎麼辦？」然後，你關上車窗就開車跑了。

以這個事例來說，當你在生氣和體驗著很多負面情緒的某一時刻，如果能警醒一下——也就是說，如果你能在經歷整個事件的過程中，警醒到這個世界只是一個潛意識呈現出的幻夢，警醒到自己的思維正在被潛意識操控著——那麼，你就能停止按照潛意識的定罪模式去思考。如此一來，你才可以用另一種思維來應對眼前的事情，這種思維要教你這麼想：

①我前方的那個開慢車的司機只是我的潛意識營造出的一個虛幻形象，他並非真的存在。他開車擋住我去路的事件，也只是我夢中的一個事件，所以我沒有必要憎恨和攻擊前方的這個司機。因為如果我定罪給他，這個罪就會出現在我的潛意識之內，並會給我帶來很多負面感受。

②我前方的這個司機的真實面目只是上主天國中的一個靈性，他與我同在一個上主之內，也根本沒有離開過上主，所以他和我是純潔無罪的。

這樣的思維模式就是這套新的思想體系的兩種基礎思維模式，稱為**真寬恕思維**和**給予純潔無罪**。

當你在以上這個事件中操練了這兩種思維之後，你就不會再去攻擊那個司機了。因為當你在操練真寬恕的時候，你前方的這個司機就會淪為幻相並失去意義，而這個世界也會一併淪為幻相並失去意義。如此一來，作為主體的你（你的身體和身體綁定的自我意識）也會隨著身外的一切參照物一同淪為幻相，並撤銷意義。此外，幻化成你和這個世界的潛意識也會一併失去意義。至此，你的思維就會澈底擺脫潛意識的操控。

然後，你又把純潔無罪給到了別人之內，如此一來，純潔無罪就會被你的心靈即刻體驗到。此時，你的心靈就會從所有定罪模式催生出的負面體驗中直接跳出來，並直接跳到一種全新的心靈體驗中，這種全新的心靈體驗是一種永恆的平安、沒有對立、始終如一。

至此，你的一個煩惱就被解除了。此外，在操練了真寬恕和給予純潔無罪之後，你就不會營造出新的罪。若沒有新的罪，就沒有新的內疚；若沒有新的內疚，你的未來就不會再去經歷新的被懲罰的境遇了，至此你的命運就被改變了。這就是你能得到的附帶利益。

總結一下，**真寬恕思維就是寬恕你眼前的某個人和某個事件只是一場幻夢，給予純潔無罪就是把純潔無罪的概念給到某個人或某些人之內**。這兩種思維的結合，不但可以讓你跳出所有的負面感受，還能讓你找回自己的純潔無罪。這就如同定罪一樣，只是這次你首先從思維上撤銷了整個幻相世界和自我意識的意義，然後你又把純潔無罪的概念給到了別人之內。這時候，你不但會擁有純潔無罪，還會直接成為純潔無罪，因為世界的一切已經被你寬恕了，就只剩下你給出的純潔無罪了。所以，在真寬恕的作用下，你給出什麼你就會成為什麼。當然，你成為純潔無罪的標誌就是你的心靈體驗著永恆的平安，而這種平安也只有你親自操練才能體會到。

提醒一點，真寬恕思維和給予純潔無罪的操練對於初學者來說是可以拖延操練的，因為初學者很難把這兩種思維即刻操練到類似的場景中。用這次開車的事例來說，你在生氣的時候如果沒有警醒你的思維，直接罵完那個司機就開車跑了，但當你回到家靜下來之後，能在那時候開始警醒，並在操練一遍以上講述的兩種思維模式（對應剛才的事件），這是完全可以的。這種拖延的操練也可以收回你剛才給出去的大部分的罪，並且你的心靈也能即刻體驗到永恆的平安。這種拖延的操練是絕對有益處的，它也是初學者的必經之路。

接下來，把你帶入被攻擊的角色進行講解，因為生活中的很多時候你是處於一個被攻擊的角色，但在講述之前，我會首先剖析一下你被攻擊之後，反擊別人是一個什麼概念。

有一天，你在公路上開車，當時你正在接一個電話，所以開得很慢。就在這時，你身後有輛車超過了你，然後從車內傳出了一個聲音：「白癡，你會開車嗎？」聽到自己被別人這樣罵，你的怒火瞬間爆發，馬上回罵：「你開這麼快是要去奔喪啊？我招惹你了嗎？」

首先，我們先來分析一下事例當中反擊方的心理過程。

你在開車的時候，需要的是一個沒有干擾的環境，但是突然來了一個罵你的司機，此時你不但失去了一個沒有干擾的環境，還承受了別人對你的攻擊和定給你的罪。這時候，你的匱乏、憤怒、仇恨同時出現了，然後你立刻採取了反擊行動。在這個過程中，你的心靈不但會體驗到很多負面感受，有時候還會體驗到自我憎恨，你也許會這樣想：「我這倒楣的命啊！好好開著車也會被別人罵。」這些就是反擊別人的思維活動和心靈體驗。

從以上分析你可以看出，反擊是沒有出路的。因為當你反擊別人時，你還是按照定罪模式處理問題，那麼你還是會營造出新的罪，然後這個罪還是會催生出新的內疚和新的懲罰境遇被你經歷。所以，如果你能在被攻擊時警醒到，這種境遇只是你潛意識中某個舊有的罪疚呈現出的幻相境遇，那麼你就可以運用真寬恕和給予純潔無罪來應對這個事件。你要這麼想：

①我被一個司機攻擊和定罪的場景只是潛意識中某個舊有的罪疚呈現出的幻相境遇，這個境遇只是個不存在的夢境，而這個罵我的司機也只是我的潛意識營所造出的虛幻形象，他根本就不存在，所以我不會反擊他。

②我要越過他的幻相看到他的本質，他是上主天國中的一個靈性，與我同在一個上主之內，他是純潔無罪的，他和我根本就沒有離開過天國。

當你如此思維和行動之後，不但可以擺脫掉潛意識的操控並獲得心靈的平安，還能消融掉潛意識中那個舊有的罪。因為這個舊有的罪顯化出的一個被攻擊和被定罪的懲罰境遇已經被你寬恕和化解掉了，所以這個舊有的罪就會從你的潛意識之內消失。此外，這一次你也沒有重新定罪給別人，那麼在未來，你就不會再去經歷某些新的被懲罰的境遇了。

有一點請特別注意，**即便你以後還會經歷一些類似的被攻擊的境遇，那也只是你潛意識中其他舊有的罪所造成的**，因此，你不必迷惑，你寬恕掉一個舊有的罪，這一個罪疚就永遠的消失了。

同樣的，以上的思維運用對於初學者來說也是可以拖延的。以事例來說，如果你在反擊了別人之後就開車跑了，然後你到了隔天才警醒到，昨天並沒有運用真寬恕和給予純潔無罪，你當下立刻操練一遍（針對昨天的事件），這也是完全可以的，因為這樣做照樣能收回你給出去的大部分的罪。

對於初學者來說，最初幾次在生活中運用真寬恕和給予純潔無罪這兩種思維模式時，通常是不會太好受的，因為你的思維模式早已習慣把世界當真和定罪給別人，所以要直接扭轉這個根深柢固的錯誤模式是非常困難的。可是，你不得不如此操練，因為這種操練是人們從人生大夢中覺醒的必經之路。當然，如果你覺得這個世界還可以接受，你也願意在這個夢幻世界中多混上一些日子或幾十輩子，那麼，你開心就好。不過「自古華山一條路」（注：喻「別無他途」），當你在夢裡玩不下去的時候，自然就會認真地學習和操練這套出離夢境的思想體系。

在本次講解的最後，我想用《告別娑婆》一書中最基礎的真寬恕範本作為結尾：

你並非真的存在於那，
你只是我營造出來的形象而已。
如果我為你定罪，視你為我問題的肇因，
那麼，我認定的那個罪疚與恐懼必然存於我內。
既然上主與我不曾分裂過，
我理當寬恕我們兩人實際上並沒有做出的事情，
於是，這只有純潔無罪，
我已與聖靈結合于平安之境。

下一章，我會先概括性地講述心靈體驗的層次和神學性文字「聖靈」的內涵，這部分的講解能讓你理解從人生大夢中覺醒的大體步驟。然後，我會繼續用生活中常見的例子來講述這套新的思想體系中的其他思維模式。

最後聲明幾點：

①本次講解的真寬恕和給出純潔無罪的思維模式不完全適用於人世間的工作領域和法律領域，特別不適用於法律領域。工作領域和法律領域有一套獨立的規則，我會在後方的信息中講述工作領域和法律領域該如何與這套思想體系對接。

②你的身體是不會因為操練真寬恕思維而消失的。因為這種思維模式只針對於你的思想和你的潛意識，它並不針對你的身體。

③本次講述的真寬恕思維只有一種內涵，這種內涵有別於其他的思維模式。用本次事例來說，如果你在沒有攻擊別人的情況下是這麼想的：「我不和他一般見識，我不生氣，我犯不上和這個素質低下的司機說話。」這種思維不是真寬恕思維，因為這種思維的內涵還是罪的給出和擁有。請特別注意，真寬恕思維模式的內涵只有一種。

④本次講述的真寬恕思維只是一種簡易的講解，這種簡易的講述只是為了給後方的所有講解打下一個基礎。如果你想要更深入地瞭解真寬恕的所有內涵，可以自行閱讀《告別娑婆》系列叢書。

4

需求與交託

（上半部分）

本章信息，我會先概括性地講述心靈體驗的層次和神學性文字「聖靈」的內涵。這個講解會讓你理解從人生大夢中覺醒的大體步驟。然後，我會繼續使用生活中常見的例子來講述這套新的思想體系中的其他思維模式。

首先說一下心靈體驗的三個層次：

①你作為上主之子活在天國中的體驗，這種體驗的具體感受是：你會永恆地確認著你是一個活在上主之內的靈性。在天國中，你會永恆地感受著你只是一個澈底安全的、純潔的、無罪的、光明的、無限大的、不變的、圓滿的、神聖的、無形無相的、喜悅的、自由的抽象靈性，而且，你還會永恆

地確認著你與其他無限靈性是一體不分的。這種活在天國之內的「覺悟」，就是你能獲得的第一種心靈體驗層次。事實上，也只有這種體驗層次才是唯一真實存在的——也就是說：唯一存在的只有上主的天國。

②把眼前這個世界當真，並認為自己是以一具身體的形式活在其中的所有心靈體驗，這點你可以參考上一章的信息來進行理解。倘若你還是一個相信輪迴的人，你還可以加上一條，那就是——**把死亡之後的那個靈魂世界當真，並認為自己是以一具靈魂體的形式活在其中的所有心靈體驗**。這兩種心靈體驗就是你能獲得的第二種心靈體驗層次。而且，在你還沒有徹底回歸天國之前，你也只能在這兩個生與死的虛幻世界中不斷穿行。所以，這兩個生與死的世界屬於你的一個夢境，不是兩個夢境。

③操練以真寬恕和給予純潔無罪為基礎的這套思想體系所得到的心靈體驗，這種心靈體驗的主要屬性是一種永恆的平安、沒有對立、始終如一。這就是你能獲得的第三種心靈體驗層次。在這個層次中，你還能進一步地做到從身外的一個人身上看出所有眾生的虛幻性，然後你就可以進一步把純潔無罪從身外的一個人之內延伸到所有眾生之內。這時候，你和眾生就會成為一個平安且抽象的一體性心境，這種心境不但可以消融掉所有把幻相世界當真的心靈體驗，它還極其肖似上主的天國，因為在天國中，你和其他靈性就是一種絕對平安的一體性存在。也因為如此，這種平安且抽象的一體性心境對於第二種心靈體驗層次來說，可以堪稱為一種奇蹟般的心境了（奇蹟般的心境，以下簡稱為「奇蹟心境」）。

那麼，奇蹟心境的由來和內涵是什麼？它又能給你帶來什麼樣的益

處？這就是我要分析的重點了。在這個分析中，我還會講述出奇蹟心境與覺醒的關係和「聖靈」這個辭彙的含義。這仍必須從頭說起……

當你這個天國中的靈性因為小小的一個念頭進入走神狀態之後，就誤認為自己離開了上主，然後你又因為一系列錯誤的想法而投射出了一個宇宙並活在其中。可是從根本上講，這一系列的變化和結果只是你這個天國中的靈性在天國中打了一個小盹夢到的而已，所以，這一系列的變化和結果對於天國來說是不存在且沒有意義的——而且你這個靈性的夢境也不可能出現在天國之內。

因為這樣，當你進入夢境的那一刻，你的上主並沒有理睬你的夢境，但是你的上主又知道你會進入一個不太好受的失落之夢中，所以你的上主就在你入夢的那一刻，把一個能喚醒你的「聲音」安置在你之內，這個「聲音」就稱為「聖靈」。那麼，聖靈又會如何喚醒你？祂在你之內又做了什麼？這就是下面要著重講述的了。

這還是要從你進入夢境的那一刻說起，在你進入夢境的那一刻，聖靈就跟隨著你一同進入了你的夢境中。可是，聖靈與夢中的你存在著截然不同的一點，那就是——**聖靈知道什麼是虛幻，也知道什麼是真實，因為聖靈來自上主**。因此，當你把這個世界投射出來的那一刻，你之內的聖靈立刻就寬恕了這個幻相世界和你投射出來的所有眾生，並且祂還把純潔無罪的概念給予了所有眾生。就這樣，那個平安且抽象的一體性心境——奇蹟心境首先被聖靈創造出來。然後，聖靈就一直等待著你能效法祂的思維模式，這樣你的心靈就會融合在奇蹟心境之中。

那麼，聖靈為什麼要這麼做？這是因為，一旦你的心靈能夠長期地與奇蹟心境相融合，你的心靈就會長期地「貼近」靈性活在天國中的狀態，而這種長期地「貼近」會在某一時刻發生「質變」，這種「質變」就是：上主會在某一時刻把你的心靈拉回到祂之內，於此同時，你的心靈就會即刻轉變為靈性。

當這一刻發生的時候，你就會從人生大夢中覺醒過來。這時候，你不但會確認出自己只是一個活在上主之內的靈性，還能確認出你眼前的這個世界只是一場夢幻泡影，根本就不存在。這就是奇蹟心境能給你帶來的主要益處：**覺醒於自己的真相**。當然，覺醒只是一種短時間的心靈轉變經驗，所以你的身體是不會因為覺醒而消失的。

除了這個主要的益處，奇蹟心境還可以為你帶來兩個附帶利益。

①**奇蹟心境可以改變命運**。上一章我們已經討論過，你潛意識中的內疚會顯化出人生逆境讓你去經歷，你潛意識中的希望又會顯化出人生順境讓你去經歷。不過，平安的奇蹟心境，既不屬於潛意識中的內疚，也不屬於潛意識中的希望。因為奇蹟心境是經由真寬恕和給予純潔無罪這個基礎才被你擁有的，所以這種心境能為你帶來的第一個附帶利益即是：奇蹟心境會顯化出一種全新的平安境遇被你經歷，而這種全新的平安境遇會直接取代潛意識早已為你設計好的某種境遇。

具體來說，當你在經歷某個人生場景的過程中操練這套新思想體系並獲得奇蹟心境後，這種心境就會立刻或逐漸顯化出一種全新的平安境遇被你經歷。與此同時，你的潛意識早已為你設計好的某種逆境會立刻或逐漸消失，此時你的命運就被改變了。而且，當你在經歷完這個平安的境遇之後，不但會深刻地認知到你已經躲過一些逆境，還會驚訝這種平安的境遇為你帶來的結局是如此皆大歡喜和出乎意料，這種結局也堪為一個奇蹟了。

②**奇蹟心境可以縮短你在夢中遊蕩的時間**。在你操練這套新的思想體系並獲得奇蹟心境的時候，你的潛意識中就不會出現新的罪疚和希望；若沒

有新的罪疚和希望，你的潛意識就不會設計出新的人生場景被你經歷，而這就促成你覺醒的時刻提前降臨。不過，這是從廣義上說的，做個通俗的比喻，例如你本身應該再經歷五次輪迴才能覺醒，而你在這輩子開始操練這套思想體系，你未來的某些人生場景會因而徹底消失，那麼，隨著這些未來人生場景一起消失的就是未來的時間——也就是說，你不必需要更多時間來經歷那些已經消失的人生場景，而這就促成你覺醒的時刻會提前幾輩子。

上述信息就是心靈體驗層次與覺醒的內在聯繫，而且這些信息還詮釋出了我講述的主要教材《奇蹟課程》這本書的總含義：你會因為操練這本課程所講述的思維模式而獲得奇蹟的心境。這種心境能給你帶來的主要益處就是覺醒於自己的真相，附帶利益就是它可以顯化出平安的境遇被你經歷，並縮短你在夢中遊蕩的時間。

下面我會用生活中的實際案例來講解這套思想體系中的其他思維模式，然後我還會講述一個我本人的真實案例，因為這個真實案例能讓你更清晰地理解奇蹟心境和平安境遇的所有內涵。

在上一章中，我用了一個極其簡單的開車事例講述了真寬恕和給予純潔無罪兩個基礎思維模式，可是那個事例很難把其他思維模式都講述出來，所以這次我會用另外一個生活事例來進行講解，事例如下：

有一個兩口之家，老公和老婆都是上班族。某天，老公突然迷戀上了網路遊戲，之後他每天一回家就是玩遊戲，這讓他的老婆很反感。又過了些日子，老婆實在忍受不了了，於是便在她老公玩遊戲的時候罵他：「天天就知道玩遊戲！也不理我！你再玩就和遊戲裡的人過日子去吧，現在就給我關機！」老公被老婆這樣一罵後立刻怒火中燒，回嗆道：「我下班玩會兒遊戲怎麼了？你少管我，別無事生非。」

以上這個事例中只有兩個角色，一個攻擊方，一個反擊方。這也是你在生活中經常扮演的兩個角色。

首先分析一下攻擊方的思維和心靈體驗：

①事例中的老婆本來擁有一個每天都能陪伴她的老公，可是因為她老公迷戀上了網路遊戲，這個能陪伴她的老公就消失了。此時，她的內心產生了一定的匱乏感。

②在這個匱乏的基礎上，老婆又出現了一定的恐懼，她擔心的是：如果她老公長期迷戀網路遊戲，她就會長期地活在一個被冷落的境遇中。

③老婆認為她的匱乏和恐懼都是她老公害的，所以對老公又產生了一定的怨恨。

④這種恐懼和怨恨隨著她老公日復一日地玩遊戲而被不斷地重複和放大，直到最後，當恐懼和怨恨達到了極限，她憤怒了，然後她攻擊了老公，並要求她的老公改變成一個能夠陪伴她的人。

以上這些就是攻擊方一整套的匱乏、恐懼、定罪、憤怒、改變別人的思維和心靈體驗。當然，有時候這個老婆還會體驗到自我憎恨，她或許也會想：「我當初缺了什麼德，怎麼會嫁給他了？現在我後悔死了。」這就是**罪既指向自己又指向別人**的情況。

從以上的分析中你可以看出，當老婆在怨恨和攻擊她老公時，她不但會體驗到很多負面的心靈體驗，還會在潛意識中營造出新的罪，而新的罪就會發酵出新的內疚和新的被懲罰境遇被她經歷。

要特別注意的是，在親密的人際關係當中，這種被懲罰的境遇在很多時候是即刻發生的，就如同事例中的情景一樣，當老婆在定罪給老公並要求他改正之後，她老公馬上就反擊了她，而且他還要求她改變——這就是被懲罰境遇即刻顯現的狀況；同時，這也是人們在生活中互相攻擊的常態化情況：**雙方都不斷地定罪給對方並要求對方改變，可是雙方又都認為對方的要求是錯誤的。**

分析完攻擊方再來分析一下反擊方。

①事例中的老公本來擁有一個允許他玩遊戲的老婆，而且他認為玩遊戲能給他帶來一種滿足感。可是，今天老婆對他的攻擊讓他明白到，那個允許他玩遊戲的老婆消失了，這時候他的內心產生了一定的匱乏。

②在匱乏的基礎上，他又產生了兩種恐懼：Ⓐ擔心以後不能再獲得玩遊戲的滿足感；Ⓑ擔心如果聽從了老婆的要求，他就會變成一個「妻管嚴」並失去自由自在的生活。

③在匱乏和恐懼的基礎上，這個老公還接收到了他老婆定給他的罪。此時他之內就出現了怨恨和受害者情緒，畢竟他一直認為下班之後玩會兒遊戲是正確的行為。

④這些匱乏、恐懼、怨恨和受害者情緒在一瞬間變為憤怒，這種憤怒的表現一般都是先顯示出一副無辜的面容給別人，然後再反擊別人——這就是事例中的情景。當然，老公的反擊意圖很明確：他希望老婆能成為一個給他自由並允許他玩遊戲的人。

以上這些就是反擊方一整套的匱乏、恐懼、受害者情緒、定罪、憤怒、改變別人的思維和心靈體驗。

分析完雙方的思維和心靈體驗之後，你可以看到一個結果：**雙方在這個事件中都經歷了很多負面的心靈體驗和壞的境遇，這就是人們被潛意識操控並活在定罪模式之下的結果。**

那麼，如果你就是事例中的兩個角色，要如何做才能避免被潛意識操控呢？這就需要你操練真寬恕和給予純潔無罪的思維並結合另外三個思維模式：放下需求、交託恐懼、滿足需求才能做到。下文我會分別把你帶入攻擊方和反擊方進行講解。

首先把你帶入老婆的角色，如果你就是事例中的老婆，要怎麼處理你老公玩網路遊戲的事件？

首先還是警醒，也就是說如果你能在匱乏、恐懼、怨恨的過程中警醒到此時你又被潛意識操控了，警醒到你又把眼前的一個形相和夢境當真了，你就能停止按照潛意識的操控去思考。接著，你可以首先操練出真寬恕和給予純潔無罪的思維模式。你要這麼想：「我眼前這個玩遊戲的老公只是我潛意識裡營造出來的一個形相，他只是我夢中的一個角色，他玩網路遊戲的事情也只是我夢中的一個事件，所以我不會憎恨眼前這個虛幻的形相（真寬恕）；我老公的真實面目是天國中的一個靈性，與我同在一個上主之內，他是純潔無罪的，他和我根本就沒有離開過天國（給予純潔無罪）。」

當你如此操練後，你和你老公就會成為一個平安且抽象的合一心境：奇蹟心境。

然後你要繼續操練另一個思維模式：放下需求。你要這樣想：「如果我需要一個能陪伴我的老公來填補我心中的匱乏，那麼這個夢境世界對於我來說就會重新出現某種真實的意義，這樣一來，我還是會被潛意識一直操控著，所以我要選擇放下這個需求。」當你這樣思維和無所行動之後，你心中的匱乏就會消失。

那麼，為什麼要操練放下需求？那是因為你的自我意識早已習慣了一種固定模式，那就是「你會因為匱乏去追求世界中的某些東西或某種人際關係」——問題是，這個模式本來就是一個騙局！

這個模式會直接確保匱乏的真實性——也就是說，當你在因為匱乏而去追求什麼的時候，你就已經定義了自己的匱乏是真的；如果你定義了你之內的匱乏是真的，那麼你就再也無法滿足這個匱乏了。這是因為，這個世界中的一切只是你誤認為離開上主後的那個原始匱乏營造出的虛幻產物——也就是說，那個原始的匱乏和世界中的一切是一體不分的。所以，你是無法通過綁定這些虛幻的產物來消融那個原始匱乏的，這也就是不論你是誰，不論你有多少物質和人際關係，你都會感受到匱乏的原因，同時也是你「追求但得不到」的原因。

所以，你若想消融掉心中的匱乏，你就要先從思維上明白匱乏、自我和世界的一體性和不真實性，這樣你才可以運用真寬恕和放下需求的思維來消融它。

從根本角度上說，操練放下需求是你出離夢境的必經之路。不過，我並非要你放下你目前所擁有的東西和人際關係，你只要能明白它們的虛幻性就可以了，因為只有這樣你才能不被這些虛幻的東西所束縛。

當你在操練完以上的放下需求之後，你雖然能消融掉匱乏感，但是匱乏感帶給你的那種持續性恐懼可能還是會保留在你的心內。這種恐懼就是：

你會擔心，如果你放任老公玩遊戲的話，他就會肆無忌憚的天天玩遊戲，而這會使你長期地生活在一個被冷落的境遇中——這就是匱乏感給你帶來的一種持續性的後遺症。那麼，你要如何處理這個持續性的恐懼呢？

你要這麼想：「如果在未來，我每天都被老公冷落，那我也認了，我認了。因為未來發生的所有境遇和我老公的所有行為都只是我的潛意識呈現出的一個幻夢，所以在未來，不論他有多大的網路遊戲癮，不論他如何冷落我，我也不可能是一個受害者，我會一直選擇寬恕和放下需求。」

當你這樣思維之後，你對未來的恐懼就會消失。那麼，你為什麼要如此思維？那是因為恐懼在人世間的運作法則即是：**你愈恐懼未來你會經歷某種境遇，這種境遇就會在你的潛意識之內變得愈來愈真實，最後顯化到你的生活中**。這就是整個世界都在你潛意識之內運作的一個結果，這也是老百姓常說的「怕什麼來什麼」的形式和內涵。

所以，若想擺脫恐懼法則對你的牽制，你要做的就是在恐懼的當下反轉自己的思維去直面恐懼。方法就是，在恐懼的當下告訴自己：「即便未來發生了某個我害怕出現的逆境，我也認了。我認了，發生就發生吧！因為這些境遇沒有一個是真的存在，所以我即便經歷了這些逆境，我也絕不是一個受害者，而我也根本就沒有離開過天國。」這就是擺脫恐懼的主要方法，它的內涵就是：**在恐懼的當下運用真寬恕思維來直面未來的某個逆境**。

如此操練之後，未來的某個逆境就會在你的潛意識之內變得愈來愈淡，以至於這個境遇很有可能不被你經歷。而且，如果你在直面某個逆境之後，還是發生了某個逆境，你的操練也不會白費，因為這種操練可以大幅度地降低（你潛意識之內）某個逆境的困難度和複雜度，以至於當這個逆境發生時，你也會看出這個逆境的困難程度已經降低很多，那時候，你就能從容地面對了。所以，直面恐懼的思維模式還是你改變命運的重要助力。

以上直面恐懼的思維還可以進一步地展開。以本次事例來說，如果你在恐懼老公天天玩遊戲的同時還有另外的恐懼，例如你還恐懼老公的身體會因為玩遊戲出問題，或者你恐懼老公的工作會因為玩遊戲而受到影響。此時要怎麼處理呢？其實方式都一樣：先在恐懼的當下把自己恐懼的所有事情都想一遍，一個不落的都想一遍，然後再告訴自己：「即便未來發生了所有我不願去經歷的逆境，我也都會一一接受並經歷它們，因為這些逆境沒有一個是真的存在。」這時候你所有的恐懼就會被消融掉。

綜合以上所述，恐懼的基礎就是把未來的某種境遇當真，而把某種境遇當真的思維就會受到潛意識的操控，接著這種操控會使你在恐懼的當下做出一些錯誤的思維評判和行動，最後這些評判和行動又會使你失落在互相攻擊的人際關係中。這就是恐懼最大的弊端。你若不信，可以現在就回想一下，你在攻擊別人和怨恨別人之前有什麼樣的心態？

所以，操練直面恐懼是你獲得心靈平安的最關鍵步驟，這就是本章信息講述的第二個思維模式，稱作「交託恐懼」，簡稱「交託」。這個辭彙代表了你可以把你恐懼的某種境遇交給真寬恕思維去處理。

最後，關於交託恐懼的思維還具有一個重要的作用，那就是**交託恐懼可以讓你不去逃避和遺忘恐懼**。例如，人們經常會在恐懼的時候這樣想：「煩死我了，我不能再想這些了，受不了了，回來再說吧。」這就是人們逃避和遺忘恐懼的慣用技倆，可這種技倆對於消融恐懼來說根本一無是處，因為那只是把恐懼擱置在潛意識之內，僅此而已。所以，不要再逃避和遺忘恐懼了！你又何必被恐懼追著跑呢？為此身心疲憊的你只需回過頭來直面一下你恐懼的那　切，就會發現你恐懼的那一切什麼都不是。

以上這些就是作為老婆的你要操練的所有思維模式，當你操練完以上這些思維模式之後，平安就會進入你那顆一無所懼的心靈之中，你和你的老公就會穩固地合一在平安的奇蹟心境中。此時，你所擁有的奇蹟心境就會賜予你一種正確的處事靈感，這種靈感會讓你知道，你此時什麼都不用做，你既不用阻止老公玩網路遊戲，也沒必要攻擊你的老公。然後，這個奇蹟心境就會即刻或逐漸顯化出一種平安的境遇和結局讓你經歷。

當然，本次事例只是我作為講解之用的事例，所以這種平安的境遇我只能說個大概，那就是你的老公很有可能會慢慢地放棄掉網路遊戲並更多地陪伴你，並且你也會在經歷完整個平安境遇的時刻發現，你已經得到某種益處並躲過了一些厄運。不過，我暫時不用本次的事例講解你能得到什麼樣的益處和躲過什麼厄運，因為我會用我本人的一個真實案例來進行針對性地講解，你可以在下半部分中看到。

以上這些思維模式的操練對於初學者來說是可以拖延的，如果你已經和老公爭吵起來，那麼在爭吵的過程中，你警醒並操練以上這些思維模式是完全可以的。或者更久的拖延也是可以的。

最後聲明兩點：

①本次講述的交託恐懼不完全適用於人世間的工作領域，因為工作領域的規則就是各負其責、對錯分明、賞罰有度，所以，如果你在工作領域中失職或犯錯，你即便操練了交託恐懼的思維，你也是很有可能被懲罰或者被辭退的。

②本次講述的所有思維模式不適用於人世間的法律範疇。從根本上講，人世間的法律就是你的潛意識所營造出的一種約束身體的固定法則，所

以本次講述的思維模式不逾越人世間的法律。也就是說，如果你做了一件超出法律範圍的事情，你是會受到法律制裁的，你會進監獄或被槍斃。只是人世間的律法只能約束身體，無法約束心靈。

好了，下半部分我會把你帶入老公的角色來進行講解。

需求與交託

（下半部分）

在正式開始前，我們先來簡單回顧一下被攻擊方的心靈體驗和處境，事例中的老公在玩遊戲時，突然接收到了老婆的攻擊和一個讓他改變的要求，這讓他在一瞬間體驗到了匱乏、恐懼和受害者情緒，然後他反擊了老婆，並附帶了一個讓老婆去改變的要求 P057。這就是生活中被攻擊方反擊別人的一種常態化過程，這個過程也是被攻擊方被潛意識操控並活在定罪模式之下的結果。

如果你就是事例中的老公，要如何應對本次的事件並擺脫潛意識的操控呢？首先還是警醒，當你在和老婆爭吵的過程中，如果能警醒到自己此時又被潛意識操控了，警醒到你又把眼前的一個形相和夢境當真了，就能停止

按照潛意識的操控去思考，然後你就可以先操練出真寬恕和給予純潔無罪的思維。你要這麼想：「我眼前這個攻擊我的老婆只是我的潛意識營造出的一個形象，她只是我夢中的一個角色，她攻擊我的事情也只是我夢中的一個事件，所以我不會憎恨眼前這個虛幻的形象（真寬恕）。我老婆的真實面目是天國中的一個靈性，與我同在一個上主之內，她是純潔無罪的，她和我根本就沒有離開過天國（給予純潔無罪）。」

當你如此操練之後，你和你的老婆就會成為平安的奇蹟心境。

然後，你要繼續操練放下需求的思維模式：

①我老婆讓我停止玩遊戲只是在提醒我，我已經把玩遊戲帶來的滿足感當真了，也就是說，我玩遊戲上癮代表我已經具有某種匱乏，所以我要放棄玩遊戲並寬恕這個匱乏感。

②如果我需要一個能讓我玩遊戲的老婆，那麼我的匱乏還是會成為真實的，所以我不會再要求我的老婆改變成為一個能允許我玩遊戲的人了。

當你這樣思維並做到停止玩遊戲之後，你心中的匱乏就會消失。

最後，你還要操練交託恐懼來消融恐懼：「如果在未來，我的老婆天天管著我，不讓我做一些事情，那我也認了。我認了，因為未來的所有境遇都不是真的存在，所以我會一直選擇寬恕並放棄自己的某種需求。」當你如此交託之後，你擔心自己變成「妻管嚴」的恐懼就會消失。

這一次，因為你是被攻擊和被要求的一方，所以當你在完成以上操練並成為奇蹟心境的時候，你之內的平安就會延伸到你老婆的心中，然後這個平安就會為你的老婆帶來這樣的感知：「我的老公真的變了，他根本就不在乎玩遊戲，好似玩遊戲對於他沒有任何意義，是我多慮了。」至此，你老婆害怕你染上玩網路遊戲癮的恐懼就會被這個平安的感知所替代，如此她就不會再繼續攻擊你了，而且，未來她很有可能就不會阻止你玩遊戲了，屆時你就可以繼續玩你的遊戲而不被遊戲所束縛。這就是奇蹟心境能為你帶來的一種平安的境遇。

可是，本次事例中還夾雜著老婆的另一個要求：她希望老公能夠陪伴她。此時，事例中的老公便處在一個更加複雜的境遇之中，通俗地來解釋就是：作為被攻擊方，別人會在攻擊你的時候，既讓你放下某個事情，又讓你去做其他的事情。

那麼，這種狀況應該如何應對？這就是本次要講述的核心重點了。下面我會把小倆口吵架的事例做一個延伸來進行講解。

有一個兩口之家，老公和老婆都是上班族。某天老公突然迷戀上了網路遊戲，每天一回家就是玩遊戲，這讓他老婆很反感。又過了些日子，老婆實在忍受不了了，就在他老公玩遊戲時罵他：「天天就知道玩遊戲！也不理我！你再玩就和遊戲裡的人過日子去吧，現在就給我關機！」

老公被老婆這樣罵後立刻怒火中燒，回嗆道：「我下班玩會兒遊戲怎麼了？你少管我，別無事生非。」然後，老婆更急了，繼續說：「你多久沒有陪我逛街了？現在就陪我去逛街，你再玩，我砸了你的電腦！」然後，老公繼續反擊：「砸啊你，我就是不去！」就這樣，小倆口你一言我一語地吵起來。

首先針對這個事例進行兩點分析：

①事例中的老婆因為長期的匱乏和恐懼而採取了一些攻擊行動，她的意圖很明確，希望老公能放棄玩遊戲並陪她去逛街，只有這樣她之內的匱乏才能被滿足。從根本上講，她的攻擊只是希望老公能夠幫她滿足匱乏，而她提出的要求也只是一種真心的求助之音。

②事例中的老公在吵架的過程中也明白了，他老婆的攻擊目的是希望他能夠陪她去逛街。此時，他的處境就成了剛才所講述的那種更加複雜的情況：作為一個被攻擊方，別人會在攻擊你的時候，既讓你放下某個事情，又讓你去做其他的事情。

不過，對於這個老公來說，他為什麼會在獨自玩電腦時經歷這種被攻擊和被要求的境遇呢？這是因為人們在過去（有時候是跨越輪迴的）都曾經做過很多因為匱乏和恐懼定罪給別人，並要求別人改變的事（第1條的分析 P067），而這些事情的內涵就是要求別人為他的匱乏埋單。這就是「把世界當真的那套思想體系」消除匱乏的慣用模式，但這種模式根本不能消融掉任何的匱乏，逆理與罪的給出和擁有是一樣的：**當你在認定自己的匱乏是真的並認定別人要為你的匱乏埋單時，這個匱乏就已經被你推出身外了，但是這個匱乏會被保留在你的潛意識之內（不論這個匱乏是否被滿足），然後，這個匱乏就會伺機顯化出一個被定罪和被要求的境遇被你經歷。**

這就是匱乏在人世間的運作規律，這也是事例中的老公為什麼會經歷如此境遇的原因，因此對他來說，他老婆的匱乏就是他潛意識之內的一個舊有匱乏，而他被攻擊和被要求的境遇，也只是這個舊有的匱乏為他顯化出的人生場景。

所以，如果你就是事例中的老公，你除了要操練真寬恕、給予純潔無罪、放下需求和交託恐懼的思維之外，你還要操練另一個滿足別人真心求助的思維來消融這個舊有的匱乏。

這種思維的操練需要你先逆向地思索一下：如果你不去滿足老婆的真心求助會是一個什麼狀態：

①如果我不願付出虛幻的時間和虛幻的精力去陪老婆逛街，那就證明了這些虛幻之物對於我還有著某種意義。

②如果我抵觸逛街的境遇發生，那就證明了我已經認定逛街會使我成為某種受害者。

③如果我認為老婆提出的求助是錯誤的，那麼我就很有可能把罪定給我老婆。

④我老婆對於我的真心求助，只是我潛意識內一個舊有匱乏的顯化，所以如果我不去答覆她的求助，這個舊有的匱乏就會被擱置在我的潛意識之內，那麼這個匱乏還是會伺機顯化成另一個被求助的境遇讓我經歷。

當你完成以上這些逆向思維之後，結果就一目瞭然了：如果你不去答覆老婆的求助，你就很有可能會失落於夢中並被潛意識所操控。所以，當你在面對別人真心求助的時候，你可以運用以下的正向思維去應對：

①我會付出虛幻的時間和虛幻的精力去滿足我老婆的匱乏，因為這樣的行動代表我不會賦予這些虛幻之物具有某種意義。

②我不會認為逛街會使我成為一個受害者，因為我沒有離開過天國，受害者根本就不存在。

③我的老婆只是天國中的一個靈性，所以她是無罪且沒有匱乏的。

④我的老婆對於我的真心求助只是我潛意識內一個舊有匱乏的顯化，所以我願意去經歷並接受這個虛幻的境遇（陪老婆去逛街）來消融掉那個舊有的匱乏。

當你操練完以上的這些思維並採取行動之後，你和你老婆就會穩固地合一在平安的奇蹟心境中。不過，因為你是被求助的一方，所以在你答覆了老婆的求助之後，你之內的平安就會延伸到你老婆的心中。然後，這個平安就會為你老婆帶來這樣的感知：「*我的老公根本不會冷落我，我真是瞎操心，我很愉快。*」這時候，你老婆的匱乏就會消失，而這個消失的匱乏也是你潛意識之內的。

這就是本次要講述的：滿足需求（滿足別人真心求助）的思維模式，這種思維模式還適用於別人在不攻擊你的情況下，要求你去做一件事情的狀況。這種思維模式的內涵是：**你要用「行動」去滿足別人提出的真心求助，而且在你「行動」前就要理解這些「行動」本身就是虛幻的，如此一來，你才能心甘情願去「行動」**。這就是消融潛意識中舊有匱乏的主要方法。

當然，滿足別人真心求助的思維模式並不要求一個初學者能完全做到，因為生活中發生的具體事情有時候相當複雜，而初學者並非一下子就能分清哪些求助屬於舊有匱乏的顯化，哪些不是，而且初學者也不是一下子就能看清別人的攻擊和提出的要求只是一種求助之音。因為這樣，作為初學者，你可以先從力所能及的生活小事上開始操練，然後隨著操練的持續，你答覆別人真心求助的事情就會愈來愈多、愈來愈重要，並愈來愈準確。這也是操練此條思維模式的常態化過程。

不過，有一點你可以記牢：**所有人對你發出的真心求助都是為了你的**

解脫而來，所以你伸出的那雙幫助別人的手，看似是在幫助別人，可本質卻是在幫你自己。

看到這裡，你可能還會提出最後一個問題，那就是：「別人的真心求助如果我都去滿足，那我就會失去很多東西，包括我的時間、精力和金錢等等，可是我失去這些東西之後又能得到什麼？」這個問題的答案仍然是——平安的境遇。下面我會用自己的親身故事來為你講解，滿足別人真心求助和獲得奇蹟心境之後的那個平安境遇到底是什麼樣子的，這樣你就能澈底地體會出這些思維模式會為你帶來什麼樣的益處。

首先交代一下人物：我、我老婆、我一歲半的女兒、我丈母娘，還有我的一個朋友——一個中醫大夫。

時間：二〇一四年三月。

人物關係：我家的成年人如果生病了，都會去找這個中醫大夫看病。

再交代一下事件發生之前的一個小事：在獲得平安境遇的前幾天，我的老婆得了一種小疾病，她去找中醫大夫看了病，看完之後，中醫大夫開了一個藥方（藥方裡有十多味中草藥），但我老婆到家門口的藥店抓藥時，藥店說有兩味中草藥缺貨，所以這副藥就沒有抓全，以致我老婆就一直沒有服下這副中藥。

接下來，我就開始講述整個事件：

二〇一四年三月的某一天，我下午五點半下班後回到家，便開始吃飯，那時候我孩子正在睡覺（那天我孩子吃飯吃得比較早，大概下午四點多就吃完了，吃的是麵條，吃完之後孩子就睡覺了）。事情就從這時候開始了……

吃飯時，我丈母娘和我說她想去找大夫看看病，她這幾天身體有點著涼，胃口不舒服。我說：「行，我一會兒就開車帶你去。」然後，我對老婆說：「你在家看孩子吧，孩子還沒有醒。」可是，我老婆說她也要一起跟著去，孩子就帶著一起去。

我聽到她的決定時，覺得有些納悶，內心抗拒，因為我心裡是這麼想的：現在天氣很冷（天津的三月很冷），開車去大夫家需要四十分鐘，要帶著孩子去很不方便，何況還有可能把孩子凍病了。

在評估完這些之後，我對老婆說：「孩子還沒有醒，醒了也不能帶著，凍到孩子怎麼辦？」可是，我老婆根本就不聽我的建議，她說她現在就可以把孩子叫醒，並帶孩子一起去。她當時的想法是：和孩子在家待著多沒意思，她想帶著孩子一起去玩。就這樣，因為彼此的意見不合，我和老婆爭吵了起來。

我丈母娘看到我們吵架，就說：「我不去了，我留在家裡看孩子。」她的意思是，讓我和我老婆兩人去找大夫開個藥方就行了——她認為這樣就可以停止我和老婆的爭吵。可是，即便我丈母娘妥協了，我的老婆還是不同意，她打定主意非要帶著孩子一起去。

然而，就在我們僵持的過程中，我警醒了，於是我操練起本次講解的所有思維模式。首先寬恕我的家人，並把純潔無罪給予她們。然後我操練放下需求的思維，這個需求就是我需要一個能聽從我安排的老婆。接著，我接續操練了滿足別人需求的思維，我知道我老婆是因為匱乏真心求助於我，所以我要滿足她的要求。最後我又交託兩個恐懼：①我認可了孩子被凍到的境遇，並想到只要給孩子多穿點衣服即可。②我告訴自己，如果我老婆以後一直這樣任性地求助於我，那我也認了。我認了，因為未來的境遇沒有一個是真的，所以我會一直選擇滿足她的求助並採取行動。

當我操練完以上這些思維模式之後，我答應了老婆的要求。她高興地叫醒了孩子，並等了孩子二十分鐘。二十分鐘之後，孩子就澈底清醒了，然後我們就一起出發了。

就在我開車的這一路上，只要心生抗拒的情緒就重複操練一遍剛才操練的所有思維，以至於這一路上我始終保持著平安的奇蹟心境（我當時會重複地抗拒，是因為那時我剛學習完答覆別人的求助和獲得平安境遇的理論，而且這次事件還是我第一次把這些理論實戰在生活中，自然在操練上有些不穩定）。

事情繼續發展，到了大夫家之後，大夫先幫我丈母娘看病，然後開了一張藥方。本來，事情應該就此結束才對，得到藥方之後就可以離開了，沒想到，這才是事情的開始：

當大夫幫我丈母娘看完病之後，便開始逗我家的孩子玩，可是就在逗孩子的過程中，他看出了問題，便也看了看孩子的手指（注：中醫兒科診病有時候是看兒童手指的），並對我們說：「你們家孩子吃得太多，已經消化不良了，而且現在發燒了。」這時候，我們才發現孩子真的正在發燒，臉非常熱也非常紅。

大夫接著問：「這些日子給孩子吃了什麼？」「吃得多不多？」我們就回答吃的都是麵條，並且幾天前開始，孩子每天都吃得非常多，一直到今天。大夫聽完後告訴我們：「一歲半的孩子正好是不知道什麼是飽、什麼是餓的時候，也就是說，孩子雖然吃飽了，但是你若繼續給孩子食物，他還是會繼續吃。所以，你家孩子已經消化不良並開始發燒了。」（我和我的家人當時根本不懂一歲半的孩子不知道飽和餓，而且大人都疼愛孩子，孩子吃得多我們大人當然不會阻攔，而且還會很高興。）

然後，大夫要我去附近的藥店買一種治療兒童消化不良的藥物。我馬上就去，到藥店買到了孩子的藥。然而，我在買藥的時候發現，這間藥店也賣中草藥，我想起老婆還差兩味中草藥，所以順便詢問了售貨員有沒有那兩味中草藥。藥店的人說有，我一聽有就買了下來，然後帶著這些藥回到大夫的家裡。

大夫馬上給孩子喂藥，可是這個藥對於孩子來說比較苦澀，才喝到一半，就被苦澀的味道嗆得咳嗽，然後因為咳嗽開始嘔吐，並把胃裡的食物全都吐出來了。看到孩子吐了，大夫很高興地對我們說：「孩子吐了就會好很多。」不過，孩子此時卻因為嘔吐而開始哭了起來。這一哭，他又開始了第二次的嘔吐，這一次吐出來的是一種透明的黏液。大夫看到後更高興了，對我們說：「孩子吐出這種透明的黏液就算澈底好了，一會兒就會退燒的。小孩子消化不良會引起胃部上火，火就會生出痰，痰就會在肺部積累並形成炎症，這就是你家孩子發燒的原因，現在他已經把食物和痰都吐出來了，那就不會有食火和炎症了，所以也不用吃藥了。」果然，又過了一個小時，孩子的燒全都退了。最後，大夫囑咐我們給孩子吃飯的時候不要餵得太飽，我們謝過大夫之後就開車回家了。

就在開車回家的路上，我才突然地反應過來，帶孩子到大夫家的結局實在太出乎我意料之外了。因為在出發之前，我們誰都不知道孩子已經消化不良了。這時候我才恍然大悟，奇蹟心境給我帶來的平安境遇和結局是這麼的皆大歡喜。

第一，我孩子的病情被莫名其妙地診斷出來並迅速地治癒了。

第二，我明白了不要給孩子餵得太飽，可避免以後的很多麻煩。

第三，我丈母娘的病是她親自去看的，這樣就不會誤診。

第四，我老婆差的那兩味藥也買到了。

第五，我的家人和孩子都躲過了在夜裡去醫院看病的逆境（尤其是這一條認知對於我相當具有震撼力。因為我的孩子如果在夜裡發高燒，我和我的家人就會帶他去天津市兒童醫院看急診，可是我們城市的兒童醫院在晚上總是人滿為患的。也就是說，即便到了醫院也要排上幾個小時的隊才能見到醫生，而且帶孩子去看病至少需要跟著兩、三個大人——畢竟掛號要排隊，化驗也要排隊，輸液退燒更要排隊。因為這樣，對於我們這個城市的人來說，在夜裡給孩子看急診是一件極其痛苦的事情。何況最關鍵的是，醫院裡的醫生也未必能診斷出是消化不良造成的發燒，那後續的麻煩就不用想了）。

想完這些後，我才明白自己已經得到什麼益處，並躲過怎樣的逆境，以至於在回家的這一路上，我一直驚歎著這些思維模式和平安的奇蹟心境是這麼不可思議！與此同時，我也澈底信任這些思維模式。

以上就是我本人的一個真實案例，而這個案例就詮釋了本章信息中的一段話：**奇蹟心境會顯化出一種全新的平安境遇被你經歷，而這種全新的平安境遇會直接取代潛意識早已為你設計好的某種境遇**。具體來說就是，當你在經歷某個人生場景的過程中操練了這套新的思想體系，並獲得奇蹟心境之後，這種心境就會立刻或逐漸顯化出一種全新的平安境遇被你經歷。與此同時，你的潛意識早已為你設計好的某種逆境會立刻或逐漸消失。這時候，你的命運就被改變了。而且，在經歷完這個平安的境遇之後，你不但會深刻地認知到自己已經躲過一些逆境，還會驚訝這種平安的境遇為你帶來的結局是這麼的皆大歡喜和出乎意料，這種結局也可以堪稱為一個奇蹟了。

中國有這麼一句諺語：「塞翁失馬，焉知非福。」這句諺語就解答了那個你可能會提出的問題，而這句諺語的內涵也或多或少地代表了奇蹟心境與平安境遇的內涵，至於你願不願意去操練這套能獲得奇蹟心境和平安境遇的思維模式，就留給你自己去選擇了。

最後，為了能讓你更清楚地認知到本次講述的思維模式能給你帶來的益處，我會把小倆口吵架的例子再做個展開性地講述。

①如果你就是事例中的老婆，你怎麼能確認你丈夫玩遊戲是不利的？也許在一個星期之後，你丈夫對你說：「幸虧我天天在家玩遊戲，才沒有和朋友們出去喝酒。如果我去了，也會和他們一起遇上昨天的車禍。」當你聽到這些話的時候，你還會覺得你老公天天玩遊戲是錯誤的嗎？

②如果你就是事例中的老公，你怎麼能確認你老婆不讓你玩遊戲是不利的？搞不好你在玩遊戲時碰到一群「豬隊友」，然後你被這些「豬隊友」氣到腦溢血並進了醫院呢？人世間不是沒有這樣的例子，屆時你還會說你老婆制止你玩遊戲是錯誤的嗎？

③如果你是事例中的老公，你怎麼就能確認你老婆讓你去逛街是錯誤的呢？如果你沒有去逛街，而是去找朋友喝酒，最後碰到車禍呢？

所以人世間有這麼一句話：「早知道是這樣就聽你的了。」或者另一句話：「世上沒有賣後悔藥的。」這兩句話是多麼的有深意！

當然，作為一個講述者，我講述以上這些並不是在威脅你，我只是想要告訴你，人是沒有評估能力的（工作和法律領域除外），因為有些事情你現在看是正確的，可隨著時間的推移，最後卻成為錯誤的；而有些事情你現在看是錯誤的，可隨著時間的推移，最後卻成為正確的；而又有些事情，隨著時間的推移，錯和對已經被你評估了好幾個來回了。**人的思維評估是極不穩定的**，這種評估只是把世界當真之後的一種假象思維。它既不能駕馭你的人生，又不能改變你的人生，它只能依附著你的人生境遇隨波逐流並不斷變化而已，所以人的評估能力是不可能讓你獲得真正的平安和幸福的。

看到這裡，你完全可以回想一下自己的人生之路，想一想你按照自我主張和主觀評估走過的這一路，是否為你帶來過真正的平安和幸福？如果答案是否定的，那麼你現在就可以選擇親自操練這套新的思想體系，因為只有這套思想體系才能讓你獲得真正的平安和幸福，除此之外，別無他法。此外，我講述的真實案例也只是要告訴你，你一旦操練了這套思想體系，並放下了自我主張和主觀評估之後，你的生活是不會失控的——不但不會失控，你還能得到最佳的平安結局。

最後，我再講述幾個操練滿足需求的注意事項，因為人世間的很多境遇不需要你套用本次講述的滿足需求。

①對於你不認識的人，對方在法律範疇之外對你提出要求，例如詐騙或搶劫你的財物等等，請直接使用你所在國家的法律進行處理。特別是遇到人身攻擊的時候，盡量保護自己的身體不受到傷害，能制伏對方就制服，不能制伏就想辦法逃跑，最後再使用法律手段即可——**身體是你學習人生最後一課的主要工具，不要輕易放棄。**

②對於你不認識的人，對方在法律範疇之內對你提出了求助，俗話講就是需要你見義勇為或助人為樂。可是，在這個範疇內有著一種極少的狀況，那就是對方會在得到了你的幫助之後，對你實施栽贓陷害，簡稱欺詐。在這種狀況出現的時候，你可以先思考一下你所在國家的判例法，或者指導案例，或者民俗規則，是否可以保護你的善意行為，並嚴懲這些有可能會出現的欺詐行為。當你考慮完這些之後，你再自行做出選擇。因為這個世界過於複雜，國與國之間的法律和法律執行力又都不同，所以有時候僅憑你的善意是不夠的。

③你認識的人讓你去做不符合法律規則的事情，你可以不去做。例如你認識的人受到了某個人的傷害，然後他請求你去報復某一個人，這時候你可以勸說對方使用法律制裁進行處理。

④對於你直系親屬之外的朋友和親戚，如果他們向你發出求助，例如他們需要你去做一些事情，或者他們想找你借錢。此時你可以先與直系親屬進行商量，特別是要與你的配偶商量之後，再付諸行動。**因為這個世界是以家庭為單位元的集合體，所以直系親屬人際關係重於其他人際關係。**

⑤你認識的人要求你去憎恨和攻擊其他人，你可以說「不」，因為這個要求是要你定罪給別人。在生活中如果出現了這種情況，你可以對這種要求敷衍了事或一笑而過。舉個小例子，我老婆在我面前說另一個人的壞話，她希望我也這麼想，並希望我也定罪給那個人。這時候我除了敷衍之外，也可以說這麼一句話：「如果我憎恨任何一個人，那我就能從所有人的身上找到憎恨所有人的理由，所以我不憎恨任何一個人，也包括你在內。」這句話基本上就終結我老婆提出的要求。久而久之，她就會放棄這種要求。

⑥人世間的工作範疇基本上是各司其職、各負其責，工作範疇內互相幫忙是常態化，套用或不套用滿足需求的思維可以隨意。

⑦如果你是一個成年且無業的人，而你的直系親屬希望你有一份人世間的工作，此時你可以滿足他們的需求，因為這種求助屬於你潛意識中舊有匱乏的顯化。可是如果你已經有了一份人世間的工作，但你的直系親屬希望你換工作，此時你可以不去理會他們的要求。做什麼工作是你的自由，也屬於你的公事，所以在這個問題上，你是有最終決定權的。本條注意事項直白地講：你如果沒有工作，你的家人希望你去找份工作，那你就去找，可是你做什麼樣的工作就是你做主了。

⑧你人際關係中的兩個人意見不合，而你是最後的執行者，或者你身在其中，這時候你可以等待他們兩人統一意見之後再做出行動。這種狀況的具體對應可以參考〈聖靈的作用與隱瞞〉P097。

⑨如果一個不瞭解自然規律的人需要你幫忙並完成一些違反自然規律的事，你可以不理會他的要求。例如一個未懂事的孩子，請你幫他把手放在熱鍋裡，你當然不能聽孩子的。這個範疇基本上針對於還沒有學習人世間客觀規律的兒童群體。

本次講述的真寬恕、給予純潔無罪、放下需求、交託、滿足需求的組合運用，就是這套新的思想體系的核心內容，而這些思維的組合運用對於你只有一個要求，那就是——**以身作則，因為只有你先做到了，你之內的平安才能被其他人感知到**。到時候，他們也才有可能會主動地詢問和學習你的思維模式。所以，在生活中，你根本不用在操練這套思想體系的時候指責別人說：「你把世界當真，你不會做真寬恕你就會倒楣的。」因為這樣的指責只代表了你已經把面前的人當真，並用恐嚇的手段定罪給他而已。

6

犧牲與不求回報

接下來，我要講述犧牲與不求回報的內涵和運用，並且還是使用小倆口吵架的事例，然後把這個例子做一個延伸來進行講解。事例如下：

有一個兩口之家，老公和老婆都是上班族。某天老公突然迷上網路遊戲，每天一回家就是玩遊戲，這讓他老婆很反感。又過了些日子，老婆實在忍受不了了，就在他老公玩遊戲時罵他：「天天就知道玩遊戲！也不理我！你再玩就和遊戲裡的人過日子去吧，現在就給我關機！」老公被老婆這樣一罵，立刻怒火中燒，回嗆道：「我下班玩會兒遊戲怎麼了？你少管我，別無事生非。」然後，老婆就更急了，繼續說：「你多久沒有陪我逛街了，現在就陪我去逛街，你再玩，我就砸了你的電腦。」然後，老公繼續反擊：「砸啊你，我就是不去。」此時，老婆見攻擊無效，又對老公說：「我天天替你洗衣服、做飯，天天把你當大爺一樣伺候，難道要你陪我逛個街都不行嗎？」可是老公聽完這話之後又繼續反擊說：「我天天掙錢這麼累，你看不到我為這個家付出的辛苦嗎？你還不知足。」

剖析一下事例中最後對話的內涵。以事例中的老婆為例，她在說那句話之前是這樣想的：「在我和你相處的這段時間裡，你做過很多讓我憎恨的事情，而這些事情又都是因為你的自私和錯誤的觀念造成的，可是我並沒有因為你的錯誤而攻擊和懲罰你，因為我是仁慈的，你就是有萬般的不對我也要挽救你，所以我容忍了你的錯誤並默默地為你付出。我選擇這樣做，就是希望你能有所悔改，並對我有所回報。可是，你根本無視我的容忍和付出，連陪我逛街這點小事都不願意，你真是可恨之極！」

這些想法就是老婆最後那句話：「我天天為你洗衣服、做飯……」的始作俑者。在生活中，類似事例中的話語和思維其實非常多。例如：

「我和你在一起這麼久，又對你這麼好，可是你是怎麼對待我的？」

「我對你付出了這麼多，就是希望你能改變一下，你怎麼就是不改呢？我的付出白費了！」

「我已經仁至義盡了，既然感化不了你，那你就死去吧！我再也不會為你付出了。」

這些話語和思維我想你並不陌生，而這些話語和思維就是本次要講述的主題——犧牲。

犧牲是什麼？犧牲就是你早已認定了對方的一些思想和行動是有罪並

會受到懲罰的，而這些思想和行為又已經讓你成為了一個受害者。然而，在這時候，你並沒有直接攻擊對方，這一次你選擇了另一種形式：你先是容忍了對方的罪，然後再用為對方付出的方式去感化對方。這種形式好似是在告訴對方：你的付出和你所受的苦都是因為他的罪所造成的，而你所做的一切也只是在替他贖罪而已。此時，你的付出就會成為一種攻擊的手段，而對方也會感知到你給予他的一種負罪感，然後你就會利用這個負罪感來向對方提出一些要求，這些要求的屬性就是你的付出要換取的回報。

這就是犧牲。

那麼犧牲會獲得的結局是什麼？這個結局有兩種：

①如果對方認下自己的罪並懺悔，對方就會滿足你提出的各種要求。此時，對方就算是在贖自己的罪，而你的心靈就會獲得暫時的平衡。

②如果對方無視你給予他的負罪感和你的付出，他就不會懺悔，也不會回報你的付出。這時候，你就會出現極大的恐懼——你會擔心自己的付出永遠得不到回報。然後，這種恐懼還會因為你的不斷付出而被不斷地放大，直到最後，當這種恐懼達到了極限，你就會停止付出並直接轉為憤怒和攻擊，又或者你會一邊付出一邊攻擊。如果對方至此還是不思悔改，那麼，你就會懲罰或遺棄對方。當然，有時候你給予對方的負罪感如果太過強大、所提出的要求讓對方難以承受時，對方也會因為無法承受這些要求而產生極大的恐懼，然後主動地遺棄你。這就是犧牲的第二種結局。

為了更好地講解犧牲，我再舉出一個生活中的案例。你所在國家的電視節目中一定會有一種感情調解類的節目，這類節目中也一定有過類似於以下的場景：

①節目上有一對母子，母親說：「我孩子年輕時不學好，吃喝嫖賭樣樣來，就是不幹好事，我怎麼教育他都不聽，最後進監獄了。可是，在他進監獄的這些年裡，我這個當媽的從未放棄過他，我一直在拚命賺錢，只想給他一個更好的未來。此外，每次探監我都會告訴孩子我付出的辛苦和對他的期望。最後皇天不負苦心人，孩子出獄之後理解了我的艱辛和付出，也明白了他的罪孽，然後他就痛改前非了。現在他已經有了正式的工作，也非常孝順我。我的孩子現在終於變成了一個好兒子了，我的付出總算沒有白費！」主持人和觀眾們聽完後說：「看啊！這就是人間的母愛，多麼的偉大！而這個孩子就是浪子回頭的典範。多麼有愛的家庭！」

②節目上有一對母子，母親說：「我孩子年輕時不學好，吃喝嫖賭樣樣來，就是不幹好事，我怎麼教育他都不聽，最後進監獄了。可是，在他進監獄的這些年裡，我這個當媽的從未放棄過他，我一直在拚命賺錢，只想給他一個更好的未來。而且，每次探監我都會告訴孩子我付出的辛苦和對他的期望。可是，他出獄之後還是和原來一樣吃喝嫖賭、不幹正事，我介紹工作給他，總是做了幾天就不做了。我實在太傷心了，我這些年的付出算是白費了！」大家聽完之後簡直是恨鐵不成鋼，主持人開始瘋狂地說這個孩子這也不好，那也不好，不孝順，不懂事，不知道做人；就連電視機前的觀眾也都看得咬牙切齒，恨不得上台抽這個孩子一巴掌。

以上這兩種相反的場景就詮釋了犧牲的內涵和兩種結局。

也許你會說，對「有愛」的母子來說，不是挺好的嗎？是的，表面上看是挺好的，但是這種表面上的好並不能消融掉母親給予兒子的罪，也就是說，這個罪必定會顯化出一個被犧牲的境遇被這個母親經歷。此外，這種表面上的好並不能消融掉兒子定給自己的罪，也就是說，這個兒子早晚會因為不停地回報（贖罪）而心生恨意。所以，這對母子表面上的好只是一種暫時的好，他們是逃不開罪與內疚的運作規則的。

人世間這樣的例子和話語太多太多，例如一方會說：「你敢不聽我的，難道你忘了過去你犯過的那些錯誤了嗎？難道你忘了過去我是怎麼待你的嗎？」另一方回答：「我這些年對你也很好了，你怎麼老抓著我過去的那些事情不放呢？」這就是犧牲觀念帶給雙方的最後結局。這種結局的內涵是，背負罪疚感的一方會認為他已經贖清了自己的罪，但犧牲的一方卻不這麼認為，此時雙方就會不斷地比較和消長彼此的付出。可是，這種比較和消長不但不能消融罪，它還能鞏固罪在彼此心中的真實性。這就是**犧牲觀念把罪弄假成真**的花招。

綜合以上所述，犧牲只是定罪的另一種模式，而深受犧牲觀念牽制的雙方，早晚會把犧牲轉化為互相攻擊。這就好似事例中的老公在感受到老婆的犧牲後，立刻體驗到老婆給予他的負罪感，然後他把負罪感直接反推回去，並表達出了自己的犧牲。所以他說：「我天天掙錢這麼累，你看不到我為這個家付出的辛苦嗎？你還不知足。」

在人世間，離婚的大部分原因都出自於這種犧牲觀念。在生活中，伴侶雙方都認為自己已經容忍了對方的錯誤，而彼此都認為已經為對方付出了很多，但最後雙方又都認為自己沒有獲得相應的回報。就這樣，雙方的犧牲慢慢地變成了憤怒和互相攻擊，以至於最後演變成了互相的遺棄。

除了離婚之外，犧牲的觀念還充斥在人際關係中的各個領域。例如人們經常這麼教育孩子：「孩子，我給你報了這麼多的學習班、舞蹈班、鋼琴班，可是你怎麼就是不好好學呢？」孩子聽到這些話之後回答什麼並不重要，重要的是，孩子聽到這些話之後的表情肯定是不高興的。為什麼？因為這些話代表了你已經把負罪感給予了孩子。試問一下，世上有誰願意接受這種負罪感？

其他的事例我就不再列舉了，因為犧牲的事例在生活中俯拾即是，如果你能細心觀察生活，就會發現犧牲的觀念早已根深柢固地扎根於每個人的思維中。所以，如何從犧牲的觀念中脫身就成為了你必學的一課。

下文我還是把你分別帶入老婆和老公的角色來進行講解。

首先把你帶入老婆的角色。如果你就是事例中的老婆，你第一步要做的還是要在爭吵時警醒自己。然後，你要操練出前幾篇講述的所有思維模式：真寬恕、給予純潔無罪、放下需求（也要放下逛街的需求）、交託恐懼。這時候，你和老公就會成為平安的奇蹟心境。然後這一次，你還要警醒你之內的犧牲感，警醒之後你要如此去想：

①過去我老公做的那些傷害我的事，只是我夢中的一些境遇，過去的他也只是我夢中的一個形象，所以過去的他和現在的他都是純潔無罪的。

②我過去對他的所有付出都是在滿足他的真心求助，所以我不會再要求老公的改變和回報，我也不會再抓著過去的那些付出不放了。

當你完成了以上的思維並無所行動之後，你的犧牲感就會被消融掉，而且隨著犧牲感一同消失的，還有你給予老公的負罪感。屆時，你的老公就不會再體驗到負罪感了。至此，你的心靈就會穩固地合一在奇蹟心境中，而這種心境會為你呈現出一種平安的境遇。當然，這個平安的境遇和上一章講述的差不多，只是多了一條，那就是你不會再經歷新的被犧牲的境遇了，因為這一次你並沒有使用犧牲思維定罪給老公。這就是克服犧牲和不求回報的思維和運用。

克服犧牲和不求回報的原理即是：**你先要先寬恕對方在過去做過的那些傷害你的事情，這樣你就能消融掉過去定給對方的罪。必須在這個基礎上，你才能把過去的付出都轉化為滿足對方的真心求助。**這時候，你給予對方的負罪感就會被你收回並被你消融掉。

這就是作為犧牲方要去操練的思維，而且這種操練還有一個助力思維，那就是——**你可以多回憶對方在過去對你的好，這種好就是對方在過去為你做過的那些不求你回報的事情。**如此一來，你就會更容易地操練出克服犧牲和不求回報的思維模式（在比較親密的人際關係中，雙方必定做過很多互相幫助又不求回報的事情，因為如果沒有這些事情，你們也不會建立親密的人際關係，所以這種只記得別人的好且寬恕別人不好的思維是操練克服犧牲和不求回報的一個強大助力）。

接下來把你替換成老公，不過首先要提醒一點，事例中老公的處境與老婆的處境是不相同的，因為老公的處境是被要求和被犧牲的一方，而因為處境的不同，老公使用的思維模式也有所不同。

如果你就是事例中的老公，你第一步要做的也是警醒，並且你還要警醒到自己的犧牲感，然後你就可以操練出前面幾篇講述的所有思維模式：真寬恕、給予純潔無罪、放下需求和交託恐懼。不過，這一次你先不要運用滿足別人真心求助的思維，因為這一次你老婆提出的那個求助還夾雜著你老婆的犧牲和她給予你的負罪感。

所以，這一次你要這樣想：

①過去我老婆做的那些傷害我的事，只是我夢中的一些境遇，過去的她也只是我夢中的一個形象，所以過去的她和現在的她都是純潔無罪的。

②我在過去對她的所有付出都是在滿足她的真心求助，所以我不會再要求老婆的改變和回報了，我也不會再抓著過去的那些付出不放了。

③我老婆因為犧牲給予我的負罪感是不存在的，因為我和她是純潔無罪的，所以我不可能有任何罪疚。

④我老婆因為犧牲給予我的負罪感如果不存在，那我老婆對我提出的要求就只是一種真心地求助，所以我會答覆她的求助。

以上這些思維就是被犧牲方要去操練的，從這些思維中你可以看出，作為被犧牲方，你的操練要比犧牲方多兩個步驟，就是第三和第四個步驟。這是因為**只有在你先寬恕了犧牲方給予你的負罪感之後，你才能把夾雜著犧牲感的要求轉化為真心求助**。要不然，你就很有可能會把負罪感反推給犧牲方，並表達出自己的犧牲。

此外，如果你不這麼做，你還會體驗到一種恐懼，那就是——你會擔心犧牲方一直抓住你的罪不放，並擔心他會向你提出無數的要求。所以，當你在面對犧牲時，首先要做的就是使用真寬恕去消融犧牲方給予你的那種負罪感。這就是被犧牲方最關鍵的一步操練，這步操練也是本章講述的核心。

如果操練完以上的思維之後，還是恐懼老婆會在未來不停地向你表達犧牲，你就可以再操練一遍交託恐懼的思維，你要這麼想：「*在未來，我的老婆如果經常性地向我表達犧牲並向我提出要求，那我就會不斷地寬恕她給予我的負罪感，並不斷地滿足她的真心求助。*」當你如此交託之後，你的恐懼就會全部消失，這時候你的心靈就會穩固地合一在奇蹟的心境中。

可是，因為你是被犧牲和被要求的一方，所以在你操練完以上的這些思維並採取行動之後，你的平安就會延伸到你老婆的心中，然後這個平安就會為你老婆帶來這樣的感知：「我的付出沒有白費，我得到了老公的回報，然而，我又能感受到這個回報僅僅是我老公對我的關愛，我很愉快。」這時候你老婆之內的匱乏、恐懼和犧牲感就會消失，至此你的一個煩惱就被解除了。最後，你還會因為奇蹟心境而獲得平安的境遇。

這種境遇和上一章講述的也差不多，但是也多了一條，那就是身為老公的你，如果能長期地使用剛才講述的四條思維來應對老婆的犧牲，那麼你老婆對於你的犧牲感就會變得愈來愈低，最後這種犧牲感就會澈底消失。屆時，你的老婆就不會再因為犧牲向你提出要求了。這就是被犧牲方能得到的一種長期的平安境遇。

而且作為被犧牲方來說，如果你能經常性地使用正確的思維來應對犧牲方提出的要求，那你就不會憎恨和遺棄犧牲方。然後，這些沒有被你遺棄的人（犧牲方），未來必定會為你帶來某種巨大的益處——通俗地來講就是：這些沒有被你遺棄的人，會在你為難的時候幫你度過難關。這就是被犧牲方能獲得的另一種平安境遇，當這種境遇出現的時候，你自然會明白克服犧牲和不求回報的所有價值。

最後，容我再明確地講述一下為什麼你必須做到不求回報。因為當你在操練這套思維模式並做到不求回報後，必定會成為一個沒有任何匱乏的奇蹟心境，而你能得到的所有平安境遇又都是這個奇蹟心境顯化出來的，所以平安的奇蹟心境就是你能得到的最完美的回報，這就是不求回報的深意。

本章結束之前，身為一個講解者，我想對你說一句話：「你不要認為我講述的東西會讓你成為一個生活的弱者，不要這麼認為。因為真正的強大不在於外在，而是在於心靈。」你這一路走來，可能給所有人的印象都是一個外在強大的人，可是，外在的強大真的有用嗎？你真的很幸福嗎？真的沒有任何煩惱嗎？所以，你要不要操練這套能使心靈變得無比強大的思維模式，就留給你自己選擇了。

7

懲罰與寬恕

本章講述的內容是懲罰與寬恕。我還是使用小倆口吵架的例子並延伸這個例子進行講解，事例如下：

有一個兩口之家，老公和老婆都是上班族。某天老公突然迷戀上了網路遊戲，他每天一回家就是玩遊戲，這讓他的老婆很反感。又過了些日子，老婆實在忍受不了了，就在他老公玩遊戲時罵他：「天天就知道玩遊戲！也不理我！你再玩就和遊戲裡的人過日子去吧，現在就給我關機！」老公被老婆這樣罵之後立刻怒火中燒，回嗆道：「我下班玩會兒遊戲怎麼了？你少管我，別無事生非。」然後，老婆就更急了，繼續說：「你都多長時間沒有陪我逛街了，你現在就陪我去逛街，你再玩，我就砸了你的電腦。」然後，老公繼續反擊：「砸啊你，我就是不去。」

這時候，老婆見攻擊無效，就又對老公說：「我天天替你洗衣服、做飯，天天把你當大爺一樣伺候，難道要你陪我逛個街都不行嗎？」可是，老公聽完這話後又繼續反擊說：「我天天掙錢這麼累，你看不到我為這個家付出的辛苦嗎？你還不知足。」

最後，老婆澈底憤怒了，說：「行，那你就玩吧！一會兒我就把你和我吵架的內容都發朋友圈（類似於Line群組），讓你爸、你媽和親戚朋友都看看你這副德性。」當老公聽完這話之後，也澈底憤怒了，說：「你敢，你要是敢發朋友圈，我今後要是再陪你逛街，我出門被車撞死。」

本次要講述的就是事例中最後兩句帶有懲罰色彩的恐嚇性對話。首先，我們來稍微定義一下懲罰是什麼：

懲罰的本質：懲罰即是針對某一個罪展開的一種攻擊行動，所以懲罰即是定罪。

懲罰的形式：當你要懲罰另一個人的時候，你會首先思考對方此時擁有和珍視的一些東西是什麼（這些東西還包括對方擁有的一切人際關係），然後，你會把你能掌控和摧毀的東西（對方擁有和珍視的）一一挑選出來，最後你會考慮如何才能把這些東西毀掉，或是如何才能把這些東西從對方的生活中切出去。因為一旦失去了這些東西，對方就會出現巨大的匱乏感和痛苦，那時候你的懲罰目的就達到了，這就是懲罰的固定形式。

懲罰的作用：懲罰是一種促使對方向你妥協或做出改變的手段，這種手段還可以作為一種恐嚇。

事例中的老婆就是按照以上的思維分析出了她老公所珍視的東西之一：她老公在朋友和親人面前的自我形象，也就是俗稱的「面子」。然後，她想出了毀掉老公自我形象的方法：把這次吵架的事情發到朋友圈上，並讓所有的親戚朋友看到他們吵架的內容。因為如果親戚朋友都知道了他們吵架的事情，那麼她老公就會經歷一個被親戚朋友嘲笑的境遇，而這個境遇就會讓老公的自我形象受損，並會為老公帶來痛苦和尷尬——這就是她要使用的懲罰手段。並且，這個手段還在最後被老婆當做了一種恐嚇的工具。

那麼懲罰和恐嚇的結局是什麼？以事例來說通常有兩種結局：

①她的老公會因為恐懼而妥協於她，但妥協的同時，她老公也會把憎恨埋藏在心中。此時，老婆就會開始提防老公同樣會奪走和毀掉她所擁有和珍視的東西。

②就是事例中的場景，老公聽到老婆的懲罰恐嚇後，馬上明白自己即將成為別人的笑柄，此時他體驗到匱乏、恐懼和受害者情緒，而這些情緒又在一瞬間變為憤怒和憎恨。然後，他立刻採取報復和反恐嚇，說道：「你敢，你要是敢發朋友圈，我今後要是再陪你逛街，我出門被車撞死。」這個報復的內涵是：老公知道老婆珍視的東西是一個能陪伴她玩的老公。

在人世間裡，類似於事例中的場景也是比比皆是的。以下再舉兩個小例子。

①孩子不好好寫作業時，大人對孩子說：「你今天不好好寫作業就不要吃飯了。」孩子回答：「不吃就不吃，我不寫了。」大人想用飢餓

懲罰孩子，並希望孩子聽話。可是，孩子使用了不寫作業的行為報復了大人，因為孩子明白大人所珍視的東西是一個聽話的好孩子。

②小倆口打架，老公爭吵不過老婆，摔門走了好幾天不回家，等著老婆認輸。可是，老婆並沒有認輸，也沒有去尋找老公，而是去外邊瘋狂購物。老公用離家出走懲罰老婆，因為他知道老婆珍視的是一個每天都回家的丈夫，可老婆並沒有妥協，而是用花錢來報復老公，因為她知道老公珍視的是存款。

以上的兩個事例正顯示出人世間每天都在上演懲罰和報復，並且表明了懲罰和報復只會出現在人際關係領域。所以，如何克服懲罰和面對報復（應對被懲罰的境遇）就是你必學的一課了。

下文我還是會把你分別帶入老婆和老公的兩個角色進行講解。

首先把你帶入發起懲罰的一方。如果你是事例中的老婆，那麼第一步要做的，還是要在爭吵的過程中警醒自己，並操練出前幾篇講述的真寬恕、給予純潔無罪、放下需求、交託恐懼、克服犧牲和不求回報。不過這一次，你在操練的同時還要警醒到自己之內的懲罰觀念。警醒之後你要這麼想：「**懲罰即是定罪，如果我懲罰了老公，那罪就會被保留在我的潛意識之內，並會為我顯化出一個被懲罰的境遇，所以我不會懲罰老公了。**」當你這樣思維之後，你之內的懲罰觀念就會消失，而你的未來就不會再經歷一個新的被懲罰的境遇了。這時候，你的一個煩惱就被解除了。

相反的，如果你在吵架的過程中並沒有警醒就發了朋友圈，事後才警醒了自己，那麼要如何處理？當這種情況發生，你可以在警醒並操練完以上這些思維之後收回懲罰形式——即刪除朋友圈的訊息，這個行動就代表你已經停止了懲罰。

以上這些就是發起懲罰的一方要操練的思維模式。接下來把你帶入被懲罰和被恐嚇的角色，不過首先要明確一點，這個角色的出現往往跟隨著兩個前提：

①這個角色在被懲罰之前，往往沒有答覆別人的真心求助並已經攻擊了對方，所以對方才會對他心生怨恨並發起懲罰。

②這個被懲罰的角色在過去曾經懲罰過別人，也就是說，他曾經（有時候是跨越輪迴的）使用過懲罰定罪給別人，然後罪才發酵出了內疚並為他顯化出了一個被懲罰的境遇。

從這兩個前提中你可以看出，**被懲罰的境遇只是潛意識內某個舊有罪疚的顯化**。所以，如果你是事例中的老公，你即便操練了前幾篇講述的所有思維，懲罰和恐嚇還是有可能會因為舊有的罪降臨於你。例如你雖然在爭吵的過程中操練了真寬恕等思維，你也陪你老婆逛街了，可是你潛意識內的罪疚還是顯化出以下的境遇：你老婆在逛街的時候還是恨著你，她仍然一直在恐嚇著你，並氣憤地發了朋友圈。那麼，你要怎麼處理？

當這種情況發生時，你當然不能再次和她爭吵，並阻攔她的懲罰行為。因為你若是再次攻擊她，那也只能代表你又把夢中的一個形相當真，並會重新落入定罪模式中。所以，作為一個被懲罰者來說，你只要學會如何應對恐嚇和懲罰即可。

應對恐嚇和懲罰的思維和交託恐懼是一致的，你要如此去想：

①我老婆如果發了朋友圈那就隨她吧，因為我會面對和接受未來的任何境遇，我不是一具身體，我也不需要人世間的自我形象。

②如果我會經歷被別人嘲笑的境遇也沒有關係，因為這個境遇只是我潛意識內舊有罪疚顯化出的幻相境遇，所以我即便經歷了這個境遇也絕不是一個受害者。

這就是面對恐嚇和懲罰的思維運用，這種思維要求你**在心理和行動上放下一切珍視之物並接受所有逆境**，包括失去自我尊嚴和各種人格的逆境。這時候，你就不會害怕對方的恐嚇，並會坦然地面對被懲罰的境遇了。

按照事例來說，如果你老婆最後發了朋友圈，那你就可以在被懲罰的境遇中，不斷地操練真寬恕來應對別人對於你的每一次嘲笑。這種不斷地寬恕就會慢慢地消融掉你潛意識中那個舊有的罪，而這種不斷地操練還會為你的老婆不斷地表達出：你不是一具身體，也不可能是個受害者的內涵。這時候，你擁有的平安就會不斷地延伸到你老婆心中，然後給你老婆帶來這樣的感知：「我的老公真厲害，我的懲罰對他簡直完全無效，他連一點受害者的情緒都沒有，他的心靈是如此的平安，那我還懲罰他幹什麼？」這時候，你老婆對你的憎恨就會不斷地降低。這就是被懲罰者要去操練的思維和行動。

所以，綜合上面所述，當你在面對和經歷懲罰境遇的時候，你可以不斷地使用真寬恕思維去面對這些被懲罰的逆境，這樣的操練就能消融掉你潛意識中某些舊有的罪疚。再舉一個小例子：

你的老婆對於你過去辦的一件事情一直耿耿於懷，她只要一想起這件事就會暴跳如雷地攻擊你，並且對你發起一種體力懲罰，那就是——她會在每次生氣的時候讓你去擦一遍地板。

當這種情況發生的時候你要如何處理？當然是要一次次地去擦地啦！只是你擦地的過程中必須如此想：「我經歷的這個擦地的境遇，只是我潛意識中某個舊有罪疚顯化出的虛幻逆境，而我付出的體力和我的勞累也不是真的存在，所以我會心甘情願地經歷這個境遇。」當你如此行動並寬恕之後，你老婆的憎恨就會不斷地降低，以至於這個憎恨會在未來的某一天徹底消失，那麼，隨著這個憎恨一起消失的就是你潛意識中某個舊有的罪和你老婆對你發起的懲罰行動。這就是被懲罰境遇和真寬恕之間的內在聯繫。

最後再明確幾個操練面對懲罰的注意事項：

①你不認識的人如果對你發起了懲罰，那你可以使用法律去應對。

②工作領域中的被懲罰都是按照工作規則展開的，所以大多數情況下，工作領域中的被懲罰與潛意識中的罪疚無關。

③能對你發起懲罰的人一般都是你的家庭核心成員，可是若你的家庭成員想讓你傷害自己的身體，你可以拒絕。例如你家庭成員中的某一個人要你去自殘或自殺，你可以拒絕，因為身體是你學習真理的工具，你沒有必要輕易放棄。

④你的家庭核心成員對你實施家庭暴力，你可以訴諸法律解決。

最後，我還要替你提出一個問題，這個問題是你作為事例中的老公有可能會提出的問題。那就是：「如果我老婆發了朋友圈懲罰了我，我雖然可以寬恕所有人的嘲笑和指責，但是我身邊的人如果指責我的老婆，那又該怎麼辦？例如我們吵架的事情被我的父母知道了之後，我的父母就會指責和憎恨我的老婆，屆時我要如何應對他們之間出現的糟糕關係呢？」這個問題的答案，我會在下一章為你詳細講述。因為這個境遇的應對方法也是你必學的一課，那就是：你要如何面對身邊這些人之間的愛恨情仇？

8

聖靈的作用與隱瞞

承接上一章的信息，我會首先講述你要如何面對身邊這些人之間的愛恨情仇，然後再講述隱瞞的弊端和如何克服隱瞞。

本次的講解我還是沿用夫妻吵架的例子，並在事例中加入一個人物。事例如下：

有一個三口之家，老公、老婆和一個二十歲的孩子，老公和老婆都是上班族。某天老公突然迷戀上了網路遊戲，他每天一回家就是玩遊戲，這讓他老婆很反感。又過了些日子，老婆實在忍受不了了，就在他老公玩遊戲時罵他：「天天就只知道玩遊戲！也不理我！你再玩就和遊戲裡的人過日子去吧，現在就給我關機！」老公被老婆這樣罵立刻怒火中燒，回答道：「我下班玩會兒遊戲怎麼了？你少管我，別無事生非。」然後，這個老婆就更急了，繼續說：「你都多久沒有陪我逛街了，現在就陪我去逛街，你再玩，我就砸了你的電腦。」然後，老公繼續反擊：「砸啊你，我就是不去。」

這時候，老婆見攻擊無效，就又對老公說：「我天天替你洗衣服、做飯，天天把你當大爺一樣伺候，難道要你陪我逛個街都不行嗎？」可是，老公聽完這話之後又繼續反擊說：「我天天掙錢這麼累，你看不到我為這個家付出的辛苦嗎？你還不知足。」最後老婆澈底憤怒了，說：「行，那你就玩吧！一會我就把你和我吵架的內容都發朋友圈（注：類似Line的群組），讓你爸你媽和親戚朋友都看看你那副德性。」

當老公聽完這話之後，他也澈底憤怒了，說：「你敢，你要是敢發朋友圈，我今後要是再陪你逛街，我出門被車撞死。」

就這樣，他們兩人開始了持續性地爭吵，而這個時候他們的孩子就在一旁看著他們爭吵。

接下來我會直接把你帶入孩子的角色，因為事例中的孩子就正在面對著他父母之間的愛恨情仇。

如果你是事例中的孩子，該如何應對你父母之間的爭吵呢？首先，你要操練的還是真寬恕和給予純潔無罪的概念。你要如此想：「我的父母只是我夢到的兩個虛幻的形象，真實的他們都是上主之子，是純潔無罪的，所以他們互相攻擊的事件對於我和他們來說根本就不存在。」當你如此思維後，你和你父母就會成為平安的奇蹟心境。

接著，你要繼續操練交託恐懼，因為你會因為他們的爭吵而出現某些恐懼。例如，你會恐懼一直活在一個家庭不和睦的環境中，也或者你會恐懼他們經常性地爭吵可能會造成家庭破裂。所以，交託恐懼的操練是這個角色的必經操練。

交託恐懼會教你如此想：「如果我的父母天天都爭吵，如果他們最後離婚了，那我也認了，我認了。因為這些境遇沒有一個是真的，我即便經歷了這些境遇也絕不是一個受害者。」當你如此交託之後，你就會成為一無所懼的奇蹟心境，然後你就會因為奇蹟心境得到正確的處事靈感，這個靈感是：**你此時只要默默地看著他們的爭吵就可以了，你什麼都不必做。**

可是，這個事件還不會因為你的操練而立刻結束，因為你的父母並不會因為你默默地操練而停止爭吵。但是，因為你已經主動地操練了以上的思維，一個關鍵的事情就會發生，那就是——你的操練會把你心內的聖靈邀請出來，然後，這個無形無相的聖靈就會自動地運作在你父母的心中，並會為你的父母賜下一些正確的處事靈感。這種靈感具體來講即是——你的父母會在爭吵的過程中或者之後同時想到：「我和他（她）吵什麼啊，他（她）也沒有什麼不對，他（她）就是那樣的人，我也沒必要去改變他（她）。」這時候，他們的爭吵就不會往更壞的地步發展，再然後，他們的爭吵就會演變成一個和諧的結局。

這就是聖靈的運作模式和聖靈的作用，這種模式的原理是：當你在面對身邊這些人的衝突時，如果你先操練了真寬恕、給予純潔無罪和交託，就能把純潔無罪延伸到衝突雙方的心中。而純潔無罪所到之處就是聖靈的棲息之地，所以聖靈就會因為你的操練自動地運作在衝突雙方的心中，並會賜予他們一些正確的處事靈感。

這時候，衝突雙方的思維和行動就會發生某種正面性地改變（本段講解可以參考〈需求與交託（上半部分）〉進行理解 P051）。

為了突顯聖靈的作用，我再講述幾種解決其他人衝突的世俗方法，這樣就能給你帶來一個清晰的對比。

①當你在面對身邊這些人衝突的時候，你會勸阻雙方並會認定雙方都有錯誤，然後你會要求雙方都改正自己的錯誤。可是，這種方法代表了你已經定罪給了雙方。

②你會偏向一方並認定另一方有錯誤。這也是在定罪。

③你會偏向一方的犧牲，並要求另一方改變。這也是定罪。

④你會用表達犧牲的方法勸架，例如你會說：「我對你們兩個人都不錯，給我個面子，你們兩個人不要再打了。」這也是定罪。

⑤你會用攻擊雙方的方法去制止衝突。這也是定罪。

綜合上面所述，世俗方法不但不能解決衝突，還會讓你也失落在定罪模式中，而且最重要的是：**在面對其他人衝突的時候，你是沒有任何評估能力的**。因為：

①其他人的衝突對於你來說都是幻相，而幻相的本質是沒有意義也沒有對錯之分的。

②你不可能全面地瞭解造成衝突的所有原因和歷史背景，而且這些背景還包括衝突雙方前幾世的輪迴經歷。

③你不可能瞭解衝突雙方的世界觀、人生觀、價值觀中存在著多少的分歧。

④你無法評估出你主動勸阻和修正這些衝突會有一個什麼樣的結局（工作領域除外）。

正是因為如此，放棄主觀評估是你面對其他人衝突的第一步。然後，你可以獨自操練真寬恕和給予純潔無罪，並交託一切恐懼，這樣就足夠了，你所能做的就是這麼多，也僅此這麼多。

這時候聖靈就會自動地運作在「你的操練對象們」的心中，並會為他們賜下一些正確的處事靈感。這就是面對其他人衝突的一種固定模式，這個模式可以總結為：

你只要善盡了你的操練，聖靈就會善盡祂的修正。

修正別人的衝突是聖靈的職責而不是你的，所以你不用越俎代庖地去修正其他人的思維。除非衝突的一方向你主動地請教解決衝突的方法，那麼你才能主動告訴他一些正面性的建議。在此之前，你最好耐心等待。

以上這些講述就是「你要如何面對身邊這些人之間的愛恨情仇」的答案。可是，你真的不要認為這在生活中是容易做到的，不要這樣想。可能你會說：「以後我能做到在父母爭吵時，保持真寬恕等思維模式。」好的，這個狀況對你可能簡單一些，可是，你的角色如果不是孩子呢？例如：

①事例中的孩子如果轉換成老公的母親，那麼，你身為母親看到兒子和兒媳在爭吵，你會很容易地操練出本章提到的思維嗎？

②事例中的孩子如果轉換成老婆的父親，那麼，你身為父親看到女兒和女婿在爭吵，又會如何？

在人世間，人們基本上比較在乎自己的下一代，所以在生活中你寬恕長輩之間的爭吵會比較容易，但平輩和晚輩就不是那麼容易了。再舉個例子，例如你的老婆和你的孩子爭吵起來，你又會向著哪一方？或者你的老婆和你的孩子再加上你的父母展開了一場混戰，你又會如何面對？所以，千萬不要認為以上的講述是容易做到的。

接下來，我把前幾篇信息中的兩個遺留問題再解答一下，這樣你就能更深刻地理解聖靈的作用。

①你人際關係中的兩個人意見不合，而你是最後的執行者，或者你身在其中，這時候你可以等待他們兩人統一意見之後再做出行動（第五篇遺留問題 P078）。

用一個簡單的例子講解一下：

你的家人想要到國外旅遊，你的老婆想去德國，可你的孩子想去日本，就這樣他們二人出現了分歧。這時候你要怎麼處理？

當這種狀況發生，你能做的就是不斷地運用本次講述的思維即可。因為你的操練會把聖靈邀請出來，然後，這個無形無相的聖靈就會自動地運作在他們的心靈之內，最後你就會看到他們的分歧被圓滿地解決，或者你會看到其他和諧的結局。

②上一章的遺留問題：朋友圈事件 P095。

當你接受懲罰之後，你有可能會提出這個問題：「如果我老婆發了朋友圈懲罰了我，我雖然可以寬恕所有人的嘲笑和指責，但是我身邊的人如果指責我的老婆，那我該怎麼辦？例如我們吵架的事情被我的父母知道了之後，我的父母就會指責和憎恨我的老婆，那時候我要如何應對他們之間出現的糟糕關係呢？」

這個問題的答案同樣是直接套用本次講述的思維。如果你的父母在看到朋友圈之後就開始憎恨你的老婆，甚至更嚴重的話，直接與你的老婆產生了正面的衝突，那麼，你就可以在衝突之前或衝突之中操練本次講述的思維模式。

你可以先寬恕他們三人，並把純潔無罪給予他們，然後你要操練交託恐懼：「即便他們三個人長時間地處於互相攻擊的狀態，我也認了，我認了。因為他們互相憎恨和互相攻擊的境遇根本就不存在，只是夢一場。」當你如此操練之後，聖靈就會自動地運作在他們三人的心中，並會為他們賜下一些正確的處事靈感，那時候你就會看到他們糟糕的關係會變為一個和諧的狀態。這就是聖靈的作用。

最後關於聖靈的作用再強調三點：

①**聖靈只能被一無所懼的心靈邀請出來**。所以當你在面對其他人衝突的時候，你務必要操練出交託的思維才能成為一無所懼的奇蹟心靈。這就是邀請聖靈的絕對前提，絕無例外。

②你身邊的人發生了劇烈的肢體衝突，或者更有甚者，他們都拿起了傢伙（例如酒瓶子、菜刀等家庭工具）互相對打，這時候你可以**在保證自身安全的情況下，先制止雙方的肢體衝突**（如果他們不聽你的勸阻，你可以讓員警幫忙阻止，或者使用其他手段制止他們的肢體衝突），然後你再操練本次講述的思維即可。

③**你可以主動阻止身邊這些人因為衝突而出現的自殘和自殺的行為**，因為身體是每個人學習真理的重要工具。

下面我開始講述隱瞞的弊端和如何克服隱瞞，因為它不但是你必學的一課，還與以上的講解有著一定的內在聯繫。

首先明確一下隱瞞的屬性：隱瞞是一種能讓心靈持續性地保有內疚感和恐懼的思維模式，所以**隱瞞對於心靈來說是一種最直接的傷害**。

其次定義一下隱瞞的形式：你在做一件事情的時候，評估出這件事情不可以告訴某些人，或者不可以告訴任何一個人。

最後講解幾個能造成隱瞞的處境：

①你認定自己做了一件會被某些人攻擊和懲罰的事，所以恐懼某些人知道這件事情。

②你認定自己做了一件懲罰別人的事情，但你不想讓別人知道這件事情，因為你害怕被報復。

③在你的人際關係中，你身邊的一個人請求你為他做一些事情，而這些事情有時候對於你來說是必須要做的。可是，當你在做這些事情的同時，你又評估出你要隱瞞著某一個人來做這些事情，因為你做的這些事情如果讓某一個人知道的話，你就會受到攻擊和懲罰。

以上這三種處境基本上就道出了隱瞞的內涵：

你做了一件不可告人並且讓自己陷入恐懼的錯事，而這件錯事還夾著定罪給自己或者別人。所以我才說，**隱瞞也是定罪的另一種模式**，這就是隱瞞的弊端。

在人世間，每個人都或多或少地做過一些隱瞞的事情，而有些隱瞞的事情就是你目前痛苦和煩惱的根本原因。所以，如何克服隱瞞就成了每個人必學的一課。

克服隱瞞的實戰方法總體來說並不複雜，那就是當你在做一件事情之前，你要先問問自己的內心，你做了這件事情之後，敢不敢把這件事告訴所有的人——是所有人，沒有一個人是例外的。接著，再問問你自己：你做的這件事情會不會遭到你身邊某些人的極力反對？如果答案是你敢告訴所有人（敢告訴所有人不代表你要主動告訴所有人），而這件事情也沒人會極力反對，那你就去做；反之，你就別做。

這就是克服隱瞞的主要方法。可是，這個並不複雜的方法在運用的時候就比較複雜了，所以我會按照剛才講述的三個處境來分別講解如何把克服隱瞞操練在生活中：

第一個處境：你認定自己做了一件會被某些人攻擊和懲罰的事。在這個處境中，你可以直接套用克服隱瞞的方法，然後你還要思考一下你為什麼非要去做這件隱瞞的事情？其實答案很簡單，那就是這件事情可以讓你得到一些欲求之物。這些欲求之物有時候來自身體上的娛樂，有時候來自精神上的滿足，還有時候來自金錢的誘惑。所以，在這個境遇中，你若想做到克服隱瞞，那就要甘心情願地放下這些欲求之物。如何放下欲求之物，我已經講述過了，你可以運用真寬恕和放下需求的思維來消融虛幻的滿足感和虛幻的匱乏感。這樣你就不會去做這件隱瞞的事了。

第二個境遇：你認定自己做了一件懲罰別人的事情，可是你又不想讓別人知道這件事情。當你處在這個境遇的時候，你可以直接套用克服隱瞞的方法，然後再運用真寬恕等思維跳出定罪模式即可。

第三個境遇：在你的人際關係中，你身邊的一個人請求你為他做一些事情。

在這個境遇中，你可以使用本次講解的邀請聖靈並配合克服隱瞞的方法來進行應對。這種應對方法我會用剛才的一個例子進行講解，事例如下：

你的家人想要到國外旅遊，你的老婆想去德國，可是你的孩子想去日本，就這樣他們二人出現了分歧。這時候你的孩子偷偷地和你說：「爸爸，你先把去日本的機票訂了，不要告訴我媽媽，她愛去不去。」而你的老婆也偷偷地和你說：「別管孩子的要求，就聽我的，趕緊把去德國的機票訂了。」

這時候你要如何處理？你是去買日本的機票，還是德國的？

當這種境遇出現的時候，你可以把克服隱瞞和邀請聖靈結合起來，你可以對孩子說：「我不會隱瞞著你媽媽去買日本的機票，你再找你媽媽談談。」然後你可以對你老婆說同樣的話：「我不會隱瞞著孩子去買德國的機票，你再找孩子談談。」這樣的話語代表你不會去做隱瞞的事情，而且也代表你已經跳出了他們的衝突——這時候的你就活在衝突之外了，然後，你就可以操練出本次講述的邀請聖靈來進行應對了。

人世間有這麼一句話：「會做人，兩頭瞞；不會做人，兩頭傳。」可是，人世間的這句話是禁不起推敲的。試問你為什麼要兩頭瞞？那是因為當你在捲入其他人衝突的時候，你就已經認定了其他人的觀念都具有某一種錯誤，然後你還認定了他們的觀念如果湊在一起就會發生某種衝突，而這種衝突又是你不想去面對的，所以你為了避免他們的衝突，就乾脆切斷了他們的交流。可是，這種做法其實直接暴露了：①你還是在定罪給雙方。②你還是相信自己的主觀判斷。③你還是相信自己有能力去解決其他人的衝突。④你還是恐懼某些幻相境遇。

所以，當你在捲入其他人衝突時，何不跳出衝突，並把衝突交給聖靈處理呢？

以上這三個境遇的講解基本上涵蓋了人世間的大部分隱瞞，而克服隱瞞的思維也需要配合其他的奇蹟思維才能操練出來，所以我建議你要先操練好前幾篇講述的所有思維模式，尤其是操練好前一篇的講解之後，再去操練克服隱瞞。當然，如果你能熟練地操練出前方講述的所有奇蹟思維，那麼克服隱瞞的操練對於你來說就不會太難。

最後關於克服隱瞞再做幾點聲明：

①人世間善意的隱瞞是可以做的。例如絕症病人的家屬為了不讓病人感到絕望就隱瞞了病情。

②克服隱瞞的操練不完全適用於工作領域，因為工作領域中的隱瞞有時候屬於硬性的職業規則。

③對於你直系親屬之外的朋友和親戚，如果他們向你提出了某些求助，例如他們需要你去做一些事情，或者他們想要找你借錢。此時你可以先與直系親屬進行商量，特別是要與你的配偶商量之後，再付諸行動。因為這樣的做法可以讓你規避隱瞞。

本書上篇的必讀信息至此即將講述完畢，截止到本章信息，我已經把人世間最常見的煩惱和解除這些煩惱的思維都講述完畢了。下一章，我會講述最後兩個最常見的煩惱，那就是疾病和死亡。

9

戰勝疾病與死亡

本次講述的內容是戰勝疾病和死亡的實戰方法。

在講解之前，首先再次明確一下你眼前的這個世界到底是什麼：

你眼前的這個世界對於你來說確實太逼真了，它擁有著錯落有致的物體、千奇百怪的聲音、酸甜苦辣的味道、香臭各異的氣味，而活在其中的你還擁有著細緻入微的肢體感受，並且這世上的每一個人還擁有著各不相同的思想和追求，所以有時候你不得不承認這個世界就是真實的。而且你可能還會說：「我吃了一口霜淇淋，好涼快的感覺。難道霜淇淋是假的不成？所以這個世界怎麼可能是個夢境！」

然而，實在不好意思，世界為真的認知只是一種被欺騙的結果。以吃霜淇淋的例子直白地講：你獲得的那種涼爽的感受並不是來自霜淇淋，也不是來自你的身體，而是來自你潛意識的投射。這種投射的原理是——

你的潛意識首先投射出了三個幻相：你的身體、霜淇淋、涼爽的感受。然後，你的潛意識又把這三個幻相分別賦予了意義，這種賦予意義的形式為：當你的身體接觸到霜淇淋時，你的潛意識就會投射出涼爽的感受被你的自我意識感知到，這時候，你的自我意識就會認定這三個幻相全是真的，並且你的自我意識還會認定自己就是一具身體。這就是潛意識融入自我意識並操控著自我意識的結果。

所以，無形無相的潛意識不但會投射出萬物和身體，它還會設計和投射出萬物與身體之間互動的所有感受。這就是潛意識欺騙自我意識的根本手段。所以，不論這個夢境世界是多麼的逼真和守序，它，也是幻相，這才是永遠不變的真相。而且，你認定世界為真的信念也無法與這個真相相抗衡，包括你的思維和行為也無法改變這個真相。

那麼，在你追求真相的這一路上，你最容易被欺騙的時刻，或者說你最容易認定自己是一具身體的時刻，就是你身患疾病的時刻，因為你會因為身體的不適和痛苦，而不得不承認你就是一具活在世界中的身體。所以，本章我會闡述形成疾病的根本原因和治癒疾病的根本方法，這樣就可以為你的操練之路掃清一個比較大的障礙。

首先講解一下形成疾病的根本原因：

疾病，是潛意識中的某個罪顯化出的一種針對於身體展開的自我懲罰（這個罪就是你過去定罪給別人或自己才出現在潛意識中的。定罪的形式不乏攻擊與反擊、犧牲與懲罰、仇恨與報復，還有遺棄與隱瞞等等）。因為你的潛意識早已融合在自我意識中，並早已認定自己就是一具身體，所以罪和內疚呈現出的自我懲罰有時就會圍繞著身體進行，這時你就會身患疾病。

不過，有時候這種自我懲罰也會圍繞著自我意識展開，這時候你就會經歷人生的厄運。所以，身體的所有疾病和人生的所有厄運，都是潛意識中的某種罪顯化出的懲罰形式。當然本次的講解只是圍繞著身體疾病進行，因為人生的厄運在前幾篇其實已經講述完畢了。

下文我會舉出兩個常見的疾病來進行講解：

①我白天吃了一些不乾淨的食物，晚上肚子疼。

②我剛才下樓梯沒有注意，扭了一下腳，倒是沒有骨折，但是腳脖子很腫、很痛。

以上這兩種類型的疾病在世上是很常見的，第一種類型對應了世上大多數的疾病，它的內涵是：因為什麼什麼，我得了什麼什麼病。第二種類型對應了因外力造成的身體病痛。那麼，這兩種疾病的形成原因到底是什麼？

①我白天吃了一些不乾淨的食物，晚上肚子疼。這個疾病的成因是：因為某種舊有的罪疚，你的潛意識首先投射出了一些不乾淨的食物，又操控著你去吃了這些食物，然後，你的潛意識又為你投射出了一個疼痛的感受，並把這個感受結合在了你的腸胃位置，最後你的潛意識還操控著你的思維如此去想：不乾淨的食物吃進身體會引起腸胃發炎，並造成目前的疼痛，所以我以後要多注意衛生了。這時候，你的潛意識就利用了這個疾病完成了一次自我懲罰，可你的自我意識對這一切是渾然不知的。

②我剛才下樓梯沒有注意，扭了一下腳，倒是沒有骨折，但是腳脖子很腫很痛。這個疾病的成因也是因為某個舊有的罪疚，你的潛意識首先操控著你的思維忽略了下樓梯的安全問題，然後你就因為大意跌倒了。再然後，你的潛意識就投射出了你身體特徵的改變，那就是你的腳脖子開始紅腫。與此同時，你的潛意識還投射出了一種疼痛，並把這種疼痛結合在了你腳部的紅腫位置。最後，你的潛意識就會操控著你的思維如此去想：「**真倒楣啊！我也太大意了，可疼死我了，下次我下樓梯的時候要注意安全了。**」

以上這兩個疾病的講述就代表了身體患病的所有內涵：

潛意識會因為某個舊有的罪疚，首先投射出某一種患病的原因（例如吃了不乾淨的東西或摔倒的境遇），然後潛意識就會投射出患病的結果，最後潛意識還會操控著你的思維把原因和結果合理地聯繫起來。而且在這個過程中，潛意識還會不斷地投射出某些身體機能的改變（例如免疫力的改變、新陳代謝的改變和身體各種器官的不協調運轉等等），或者投射出各種身體外在的特徵改變（例如流血、炎症、紅腫等等），與此同時，潛意識還會不斷地投射出某種疼痛感來與這些「改變」相結合，這時候你就會認為自己身患疾病了。

從以上的講解中你可以看出，**患病的根本原因只是潛意識中的某個舊有的罪疚**。

所以，接下來我會按照這個根本原因來講述治癒疾病的根本方法和實戰方法：

我白天吃了一些不乾淨的食物，晚上肚子疼。當你在晚上感受到肚子疼的時候，你可以反復地運用以下這些思維進行操練：

①我只是在夢中吃了一些不乾淨的食物，並在夢中感受到了肚子的疼痛。這個世界也只是一個夢境。**（這個操練即是真寬恕，它可以讓疾病和潛意識首先失去意義，然後你就可以進行第二步的操練。）**

②你要找到你身邊的一個參照物，最好是人，然後你就可以把純潔無罪的概念給到他之內，再然後，你要繼續把純潔無罪延伸到整個世界和所有人之內。當然，如果你單獨在家的話，你可以直接思維到鄰居或者大街上的人們是純潔無罪的，然後再把純潔無罪延伸到整個世界和所有人之內。**（這個操練會讓你首先成為平安的奇蹟心境，然後你的思維和信念才能跳出你是一具身體的認知，這時候，你就能與潛意識、世界、身體、自我意識和疾病畫清界限。）**

③在你保持第二條操練的同時你要如此去思維：「我目前的疼痛和患病的過程，只是潛意識中的某個罪和內疚呈現出來的結果，可潛意識和罪本來就是虛幻的，所以罪和內疚呈現出的患病過程（吃了不乾淨的食物的事件）和患病的結果也是虛幻的。而此時此刻，世界上所有身患疾病之人的病痛也都是如此，所以沒有人會真的生病。」**（這條操練注重把罪和疾病，還有患病的過程進行綁定，然後再一併寬恕，而且這條操練也注重寬恕其他人的所有疾病和痛苦。因為你若明白別人的疾病和痛苦都是幻相，你的疾病和痛苦也會一併淪為幻相，那麼，你的心靈和認知就會更加穩固地合一在奇蹟心境中。）**

④操練交託恐懼，你要告訴自己：「即便我腸胃的疼痛很長時間都沒有好轉，那我也認了，我認了，因為不論疼痛和不適感會持續多長時間，對

於我來說也只是一個幻相境遇，所以我都會接受下來。」（患病之人都會恐懼自己的病情得不到很快的康復，而且患病之人也不願長時間地活在身體的疼痛和不適的境遇中，所以，你要在患病的當下就把你害怕和不想經歷的所有境遇全盤接受下來。這樣的操練就會讓你成為一無所懼的奇蹟心境，然後你的認知就會全面地跳出潛意識的操控。）

⑤你要在保持奇蹟心境的狀態下好好思考一下：你此時還仇恨著誰？你還想攻擊誰（想改變誰）？你還對誰有犧牲？你還想懲罰誰？然後再想想你到底還有什麼恐懼？是害怕那些境遇，還是害怕那些人際關係？然後再想想你是否還要去做一些隱瞞的事情？最後還可以想想你到底想要成為一個什麼樣的人？你到底還想綁定哪些虛幻之物來獲得自我存在感和自我價值感？好好想想這些吧！想好之後就可以操練真寬恕和其他奇蹟思維了。（如果你在患病的當下就能警醒並操練所有重要的奇蹟思維，那你潛意識中的罪疚就會被消融掉一部分，這樣的操練就會對病情的康復起到很大的助力。事實上，這條操練也同時表明了——你平時在生活中的操練才是預防疾病的根本方法，所以，戰勝所有疾病的主要方法就是：在生活中長期地操練這套奇蹟思維。）

以上這五條操練就是治癒疾病的根本方法，它的目的就是要把潛意識和潛意識中的罪疚一併消融掉，因為——

- 潛意識和罪在最初就是一體出現的。
- 罪只能存儲在潛意識中。
- 潛意識已經化作你眼前的這個夢境世界和你的人生經歷。
- 潛意識中的罪疚會顯化出身體疾病被你經歷。

所以，你若想從根本上治癒疾病，**首先要把疾病和整個世界綁定，然後再一併寬恕，因為疾病和世界不是一併淪為幻相，就會一併變為真實**，這是沒有任何妥協餘地的。

那麼，從以上的講解中你也可以看出，疾病只是一種罪疚之果。所以，在生活實戰中，你即便在患病時操練了以上這五條思維，也不是馬上就能康復的，因為潛意識中的罪疚不可能被你一次性地消融掉。按照本次例子，直白地講，胃疼是罪疚之果，腳腫了也是果，這些果只是一種已經呈現出來的自我懲罰，所以，在實戰中你只能一邊忍受著疼痛，一邊反復地操練以上的這些思維模式，你的疼痛也許會減輕一點，也許會減輕很多，或者根本不會減輕。那麼在這種狀況下，你就可以執行以下的第六條操練：按照世俗的方法去治癒疾病。

⑥如果你得了腸胃炎，就吃一些能治癒腸胃炎的藥物，或者去醫院接受治療。如果扭了腳，就去塗抹一些止疼和消腫的藥物。

這第六條操練即是人世間最常見的治癒疾病的方法。然而，這個方法的內涵是什麼呢？接下來就要明確地跟大家講述一下。

一切還是要從潛意識說起——

當初你的潛意識在投射出這個世界和身體之後，就賦予了萬物各自的意義和屬性。與此同時，潛意識還設計出了世界萬物和你身體之間互動的所有規則和感受。例如，水可以解渴、食物可以讓飢餓感消失、溫度的變化會影響身體的感受、吃喝拉撒睡可以保證身體的運作和新陳代謝等等。這所有的規則中，也包含著這麼一個範疇：那就是某一種藥物或醫療方式會治癒某一種疾病，而且在這個範疇中，潛意識的投射還是接連不斷的。**一方面，潛**

意識會因為罪疚不斷地投射出更多新的疾病；而另一方面，潛意識還會不斷地投射出能治癒這些疾病的藥物或醫療方式，而這些藥物和醫療方式還是以被人們發現或發明的形式出現的（這就是所謂的醫學進步）。

所以，疾病和醫學的互動，只是潛意識施展出的一個花招而已。這個花招的內涵是：潛意識不會只投射出對身體不利的疾病，因為它如果只投射痛苦，自我意識就會對這個世界產生懷疑，所以潛意識在投射痛苦的同時，還投射出了很多對身體有利的東西，這樣才能確保自我意識不會去懷疑這個世界，並會對這個幻相世界充滿希望。

當你明白了潛意識的這個花招之後，你當然可以利用這個花招來為自己獲得益處，也就是說，你完全可以在患病的當下，首先利用藥物和醫療方式來治癒疾病。因為在實戰上，疾病常會給你帶來一個神志不清的狀態，在這種不清明的狀態下，你是很難操練出前五條思維的。所以，你完全可以在患病的期間先利用醫療方式來使自己的病痛降低，然後你就會獲得比較清明的思維狀態，這時候才能更好地操練出治癒疾病的根本方法。**（醫療方式只是一種治癒疾病的權宜之計，因為醫療方式既不能消融掉潛意識中的罪，也不能阻止罪疚呈現出更多的疾病，但是這種權宜之計確實會讓你的疾病得到康復，並會讓你恢復清明的神智。所以，你是有必要使用它的，而且這種便宜是潛意識給你的，你不占白不占。）**

上文就是講述治癒疾病的實戰方法，講完這些後再來談談死亡。

可治癒疾病已經講述完畢，死亡也就沒什麼好講的了。因為如果你能在生活中長時間地操練所有的奇蹟思維（《奇蹟課程》講述的思想體系），你潛意識中的罪就會因為長年的操練消失殆盡，那麼在你人生的最後，死亡肯定不會與極大的身體病痛連袂而至。也就是說，你在人生的最後很有可能會無病而終，或者你只會感受到一些能夠承受的痛苦，僅此而已。

此外，如果你能長期地操練所有的奇蹟思維，你不但會坦然地面對死亡，還很有可能會在死亡來臨前就覺醒於自己的真相，屆時，你就不需要再聽別人講述死亡是什麼了，因為覺醒的你會澈底確認出死亡根本就不存在。

最後再做幾點提醒：

①當你長期操練奇蹟思維還身患疾病的時候，你很有可能會碰到一種情況，那就是你的疾病會被一些好的醫生或對症的藥物澈底治癒。這種情況也屬於一種罪疚被消融掉的外在表現。

②如果你身患人世間所謂的絕症，你也可以按照本章的講解去操練，只是最終的結果也許會出現奇蹟，也許不會，因為這是因人而異的。

③《奇蹟課程》講述的思想體系可以直接治癒人世間所有的心理疾病和癔病，但是這需要你親自去學習和操練這套思維體系。

④《告別娑婆3：愛不曾遺忘任何人》詳盡地闡述了很多身體保健和治癒疾病的方法，你可以自行去閱讀。

⑤《告別娑婆》系列叢書中的很多章節，詳盡地講述了死亡的內涵和知識，你若想瞭解得更多，就去自行閱讀。

本章的最後，為各位做一個必讀信息的總結：我講述的必讀信息就是治癒「所有煩惱」的基本「藥方」，而這套「藥方」又都來自《奇蹟課程》，所以我建議你去自行學習《奇蹟課程》，並以《告別娑婆》系列叢書和我的講述為輔助。

我已經用比較通俗易懂的語言講述出了《奇蹟課程》的核心內容，我希望這些講述能把你引導到正確的自修之路上。這就是我的任務，而我還有另外兩個任務：①簡單注解全套《奇蹟課程》，你可以在網站的專欄中找到。②完成一個奇蹟心靈治癒師的角色，因為這個角色可以幫助人們快速化解生活中的具體煩惱。在下一章，我會講述治癒師們的心路歷程，並會講述這個角色對所有人的具體作用。

10

「我們」的簡介與作用

承接上一章信息，本章我會講述奇蹟心靈治癒師的普遍心路歷程和他們對所有人的作用。

這篇信息是以我的視角在二〇一八年八月寫下的。

首先做一個詳細的自我介紹，我叫种巍強，一九八二年生，男，中國天津人，目前居住於天津，中專畢業，我在二十六歲結婚，現育有一女。

我在二十五歲的時候接觸到佛教，並踏上了學佛之路。在學佛的三年裡，我每天都會唸經拜佛。我當時對佛教的認知很單純，認為學佛可以幫助別人並讓自己的生活變得更好，可是最後我卻發現，自從學佛之後，我的生活倒不如從前了，我的煩惱也變得更多了，而且我還發現很多佛教理論根本解決不了生活中的具體問題，所以在經過了一系列的痛苦和逆境之後，我就放棄了佛教。

放棄佛教之後沒有多長時間，我的家人正好被朋友拉去學習基督教，然後他們就開始勸我加入，並拉著我一起祈禱。我那時候想，有個宗教信仰也是好的，祈禱就祈禱吧！就這樣，我開始了歷時兩年的基督教學習。

在學習基督教的過程中，有一些教義引起了我的注意，例如愛可以消融罪惡和痛苦，例如神來就是愛。而且還有一個教義說：「你怎樣待人，別人就會怎樣待你。」我聽到這些教義之後很高興，因為我自己就是一個市井小民，加上我的半生看盡了人世間的痛苦和掙扎，所以特別希望能找到某個方法來幫助其他人擺脫痛苦。因此，我在生活中很認真地實踐這些教義。那時候的我，除了為別人祈禱，更是完全做到了善待別人，以至於誰有困難我都能出手相助，而且是不惜代價的幫助——因為我相信這些教義，並相信別人會因為我的努力而改變。

可是結果卻是殘忍的，我做了大量善待別人的事，卻發現別人根本就沒有任何改變。後來我愈是付出，別人就愈不改變，最後這種心靈的折磨超過我所能承受的極限，某天晚上，我因為一些事澈底地憤怒和迷失了。

然後我確認到，這些教義根本就是錯的，能說出這些話的神也根本不存在。「老天爺」已死，沒有希望了！之後，我就在這種憤怒和迷失中度過了一夜，並做出一個決定：「我不學習基督教了，因為它的教義是錯誤的，而且我也不管別人改變不改變，我只好好地善待他們就算了，我認了。」就這樣，我放棄了基督教的學習，但當時的我還沒有放棄追尋愛的決心。

再後來，我又去瞭解了很多其他的宗教，包括伊斯蘭教、道教、印度教等等，並且發現到所有的宗教都在說「愛」，但仔細思考這些宗教的教義之後，又都感覺到哪裡不對。就在那個時期，我的心中出現了這樣一個決定：「我不再依靠任何宗教了，一定還有另一條路。我要通過自己的努力找到這條路。」

在這個想法出現之後的半年裡，除了上班和生活之外，我都在思考：真理到底是什麼？愛又是什麼？怎麼才能得到愛？就這樣，在這段時期裡，我經常會感受到「巨大的」光明與我同在，天使也與我同行，於是我慢慢地感覺到，這個世界是被愛創造出的一個幻相。

可是，在獲得這個感悟之後，我的心中又出現了一個重大的迷思，那就是：我非常不理解為什麼會有地獄這種地方，我想不明白愛怎麼能創造出一個永罰的地獄（注：中國稱閻羅殿，佛教稱十八層地獄，西方稱火湖地獄）？我一直在想：如果愛真的存在，每個人和這個世界又是被愛創造的，那麼，愛何必要創造出一個地獄來懲罰人呢？

隨著時間的推移，這個迷思在我心中變得更加難以琢磨。為了找出答案，我開始在網上尋找瀏覽一些關於「人死之後會去哪裡」的知識。直到二〇一三年九月二十五日那一天，我看到某個貼吧裡有這樣的一個帖子，這個帖子是講述一個催眠師如何利用催眠治癒心理疾病的案例（注：催眠師會讓病人在催眠狀態下看到自己上輩子或更早的輪迴經歷，然後病人就能自己找到上輩子和這輩子之間的一些因果規律，這樣病人就可以釋懷一些事情）。因為這些案例中有很多內容講述了死亡之後的場景，所以我很認真地看了下去，然後我看到案例中有這樣兩句問答。

催眠師問病人：「你那輩子死後去哪裡了？你會不會到一個你不希望去的地方？」

這個病人在催眠狀態下回答了一句：「我死後到哪裡去是我自己決定的，不受其他人的掌控。」

一看到這句話，我就明白了根本就沒有地獄。地獄的內涵是說，你被某些傳說中的鬼怪強行帶到一個你不願意去的地方接受懲罰，可是這個被催眠者卻說出了實情，人死後是不會受到任何外力干擾的，也不會被強行帶走並被強行懲罰。就這樣，在那一刻我確認到了：地獄根本就不存在！而恰恰就在那一刻，當「地獄不存在」這幾個字印入我心中的那一刻，我的心靈就在一瞬間被上主拉到了祂之內，然後我就徹底確認出：我只是一個被上主創造出來的永恆靈性，我根本不是一具身體，這個宇宙也根本不存在，而且我也沒有離開過上主一步，我只是在上主之內打了一個小盹，夢到了我的人生。這一刻，我覺醒了。

在我經歷了覺醒的經驗之後，我雖然明白了一切的一切，卻不知道為什麼我能從人生大夢中醒來。所以，我開始在網路上購買關於覺醒的書籍並閱讀。就在這種瘋狂閱讀的過程中，其中有一本書提到了《奇蹟課程》，於是我購買了《奇蹟課程》並馬上開始研讀。

在研讀《奇蹟課程》的過程中，我發現《奇蹟課程》是與眾不同的，因為我雖然能看出書中的內容是完全正確的，可是卻無法完全理解書中的每一句話。此時，我內心升起一股要弄清楚《奇蹟課程》的鬥志，於是，我非常認真地去研讀。然後，在我讀到一百多頁的時候，我終於弄清楚為什麼我能從夢中醒來了。

原來，我從小到大這麼多年的思維和行為，完全做到了《奇蹟課程》裡講述的一些重要理念，例如不求回報地滿足別人的真心需求，例如寬恕過去的一切人和事情，還有交託恐懼等等。《奇蹟課程》中的內容完全講述出了我所有的心路歷程，而且書中講述的內容比我經歷的還要更多。所以，在研讀《奇蹟課程》的同時，我就感知到自己這一生的任務就是操練和教導這本書了，除此之外，我也沒有其他任務了。

就這樣，我開始了修行《奇蹟課程》之路，這條路一走就是五年。在這幾年裡，我總共研讀和操練了三遍《奇蹟課程》，並於二〇一八年寫完了本書上篇所有的必讀信息，並接下了奇蹟心靈治癒師的角色。

以上這些就是我的簡要歷程。下面我再介紹兩位我所熟悉的覺醒者。

潘進榮，一九八五年生人，男，中國莆田市人，目前居住在鶴崗市，大學畢業，大英八級水準，畢業之後開始經商，主要經營建材行業，最後隨家族搬遷到鶴崗市做瓷磚生意至今，育有一兒一女。

「我在二〇一二年接觸佛教並進入修行領域，遇到瓶頸後從宗教中退出，修一念之轉和釋放法。當我發現我已經解決了生活上的所有困惑與財富名利之後，我的內心還是不安。二〇一四年的五月份，我在網路上結識了种巍強，並開始研習《奇蹟課程》。在一個月之內，我潦草地閱讀了一遍《奇蹟課程》，然後我從書中得知：我有和生命根源合一的需求。既然這個世界無法滿足我，那一定有一個唯一真實的。在我眼前的這一切顯化只能算是找到上主之愛的推動力。我在二〇一四年七月五日覺醒，我的覺醒靈感是：世界是我投射而來的，所以這個世界不一定非要存在。我生前沒有世界，我死後也沒有世界。既然外面沒有別人，那這一切又有什麼意義！

我過去也做到了《奇蹟課程》當中很多重要的理念，我是种巍強在修行領域的絕對搭檔，我雖然沒有太多的書寫任務，不過，我會完成與种巍強的配合。」

第三位覺醒者是潘進榮的唯一弟子，可目前她的任務尚不明確，所以她只介紹一下自己的簡要心路歷程：

「我在三十二歲的時候接觸了身心靈的修行法門，三十三歲的時候接觸了《告別娑婆》，並於一個月之後，在網路上認識了種巍強和一些奇蹟學員，然後我就在生活中開始操練真寬恕，並開始研讀《奇蹟課程》。我用了四年多的時間研讀了五遍課程，並做完一遍練習。我在二〇一八年二月二十二日覺醒。我的覺醒不但依賴於學習課程，還因為一個我從小就具有的一個認知：我認為死去的人都是純潔的靈性，他們痛苦的一生都不存在。所以，我最終覺醒的靈感是：我願和這些死去的靈性一起回家，我願與生命之源合一。」

以上這三個人就是我和我熟悉的兩位覺醒者的簡介，如果未來再出現第四、第五或者更多我所熟悉的、又願意去利益眾生的覺醒者，我還會追加新的介紹。

接下來，我會用直白的語言講述治癒師對所有人的作用。

首先，你可以從所有必讀信息和「我們」的簡介中看出：「我們」與你一樣，都是上有老下有小的普通百姓，「我們」也經歷了人世間的痛苦與人際關係的衝突，所以「我們」與你在人生閱歷上沒有較大的不同。但是若從時間角度來看，「我們」與你確實有著一點不同，那就是「聞道有先後」，因為「我們」是先一步找到瞭解決一切煩惱的方法並付諸實踐的人。

因為這一點不同，你是可以在無助和絕望的時候求助於「我們」的，你是可以把生活中解決不了的困擾告訴「我們」的。那時候，「我們」自然會為你指明方向，並會告知你具體的應對方法。如果那時候你聽從了「我們」的指引，你不但會快速地獲得心靈的平安，你還會得到附帶的利益：轉變命運和度過人生的難關。

這就是心靈治癒師對每個人的主要作用。

本章的最後，我要感謝一些人，因為如果沒有他們，奇蹟心靈治癒師的角色就不會出現。

感謝通傳和出版《奇蹟課程》的所有元老，我知道姓名的四位是：海倫・舒曼（Helen Schucman）、威廉・賽佛（William N. Thetford）、肯尼斯（Ken Wapnick）、裘蒂（Judy Whitson）。

感謝通傳和推廣《告別娑婆》系列叢書的作者葛瑞・雷納（Gary R. Renard）和他的助手辛蒂（Cindy's Bio）。

感謝所有把《奇蹟課程》翻譯成各種語言的翻譯者。

感謝編寫並出版《奇蹟課程誕生》的作者羅勃・史考屈（Robert Skutch）。

因為這些人的奉獻，天堂的平安與光明才得以順利地進入這個世界。因為這些人的奉獻，奇蹟心靈治癒師的角色才得以出現。這些人有的已經圓滿地完成了為所有人造福祉的任務，有的正在完成中。所以我要把這份感謝呈現出來，而主要必讀信息，也在此全部講述完畢。

11

必讀附錄一：工作與奇蹟

本章我會講述人世間工作領域的內涵和「這些內涵與奇蹟思維」的融合點，因為人們在工作領域內經常會出現煩惱和迷茫。

首先講述一下人世間所有工作的主要內涵：

人世間的每一樣工作都有著不同的代名辭，例如餐館清潔員、餐館廚師、餐館老闆、餐館採購員等等，這些代名辭又代表了不同的工作性質、規則和技術。這些不同的規則和技術如果被某人學會之後，他就能勝任這個工作，然後這個工作就會為他帶來相應的金錢回報，而金錢又能滿足人們的食衣住行。這就是人世間工作領域的主要內涵，所以不論你是做什麼行業的，你只受限於本行業的規則和技術，你並不受限於任何人際關係。

下面我會把剛才舉出的四個工作職位進行直白地分析，這樣你就可以看出如何化解工作中的煩惱。

①餐館清潔員

如果你在一個擁有二十位員工的餐館做一個清潔員，那麼你只要打掃好你負責的區域，並保持這個區域的清潔，你就算完成了你的工作，然後你就可以領到薪水。餐館的其他員工對於你的工作來說是沒有任何意義的，你的老闆——也就是你的上級——對於你的工作來說也是沒有具體意義的，因為你的老闆只是一個為你下達工作規則和工作指令的人，所以你的老闆對於你來說只代表了一套工作規則和指令。這就是你最基本的工作內涵。

從這個內涵中可以得出：你和餐館的所有員工不存在任何人際關係，所以，在你的工作領域內，你沒有必要和任何人發生實質性的人際關係衝突。如果說得更深刻些，這個餐館對於你來說是空無一人的，因為這個餐館只有你一個人、一套清潔員的工作規則和一份薪水。

而作為清潔員的你，唯一能與其他人發生衝突的情況，只是當你在做具體工作時，你的老闆有可能會為你下達比較嚴格的工作指令，這些嚴格的指令會讓你覺得付出和薪水不成比例。這時候，你可以重新權衡你的付出和薪水的回報，然後你可以選擇繼續工作，或者去找老闆談加薪，或者找另一份工作。這個狀況也說明了你的老闆是什麼樣的人，他就代表了什麼樣的規則，你能不能適應這個規則就看自己的選擇了。但是，即便是這種衝突也不是實質性的人際關係衝突，因為能發生衝突的只有你的付出和那份薪水。

以上講解的清潔員工作，基本上含括了人世間大部分的工作，只要是拿薪水並完成某種固定規則的工作都屬於清潔員的工作類型。這種工作基本上都是責任制的，在工作中如果出現錯誤就要擔責，有錯誤就要改正。

②餐館廚師

這個工作類型屬於技術工種，這種類型的工作內涵和清潔員的工作內涵沒有本質上的不同。唯一不同的是，你要在符合行業規則的基礎上，利用專業技術來完成工作指令，你的專業技術是賺取薪水的主體。如果你作為一個餐館廚師，這個餐館對於你來說也只有你和一份薪水，還有你要遵守的廚師規範和你的烹飪技術，除此之外，這個餐館對於你來說也是空無一人的。

餐館廚師的工作類型含括了人世間的技術類工種和藝術類工種，這種工作也是責任制的，而且有時候責任比較重大。

③餐館老闆

這個角色有著一套比較複雜的工作規則：如果你是這個餐館的老闆，你不但要為自己和下屬規定所有的工作規則，你還要為自己和下屬不斷地下達工作指令。你不但要與時俱進地按照餐館行業的市場規則和潛規則經營餐館，你還要不斷地培養或安排所有員工到達最合適的工作崗位，因為只有這樣，你的餐館才能正常運轉。在你培養和安排所有員工的過程中，你的員工是誰並不重要，重要的是你能選對合適的人去按照你規定的工作規則去完成工作指令，這就是一個餐館老闆的所有工作內涵。

從以上的內涵中你可以看出，如果你就是餐館的老闆，這個餐館對於你來說也是空無一人的，因為這個餐館對於你來說，也只有你和一份餐館的利潤和你要遵守的那套餐館老闆的規則，所以，你這個老闆也沒有必要和餐館的員工產生實質性的人際關係衝突。

那麼，當你在按照這套餐館老闆的規則行事之後，你的飯館有可能會發展得不錯，但也可能會倒閉。因為人世間有這麼一句話：「商場如戰場，勝敗乃兵家常事。」所以，你即便做好了以上的一套規則也是有可能失敗的，這也沒什麼新鮮的，因為工作領域中沒有絕對的事情。

以上餐館老闆的工作類型含括了人世間大部分的生意人，也含括了具有決策屬性的工作職位，這種工作類型更是責任制的。

以上講述的三個工作職位，基本上含括了人世間絕大部分的工作領域。從講解中你可以看出，工作領域就是各司其責、以規則為準、賞罰分明、適者生存的，這是沒有商量餘地的。可我講述這些的目的，並不是單純地講解工作的內涵，我重點要表達的是工作領域中是沒有特殊人際關係的。你的工作領域對於你來說，根本就沒有別人存在，因為**你面對的只是一套工作規則和潛規則，僅此而已**——更直白地講，**你沒有必要在工作領域中定罪給別人，更沒有必要在工作領域中營造出負面的人際關係**。

如果你現在能明白以上講述的這些，並把這些直接套用在你的工作領域，那麼你就可以清楚地認識到自己在工作領域中的位置和角色，這樣你就能擺脫掉很多工作領域中的煩惱。

可是話說回來，目前人類的意識形態不是很高級，社會形態也不是很高級，所以目前的人類還不能在工作領域中完全做到不營造出負面的人際關係，所以接下來我會利用餐館採購員這個職位作為例子，講述一下工作領域中最容易出現負面人際關係狀態的情況。

④餐館採購員

這個工作類型屬於業務工種，並與金錢直接掛鉤。這種類型的工作內涵，和剛才講述的三個職位的內涵是一致的，餐館採購員也有一套獨立的工作規則，採購員只要按照這套工作規則和老闆下達的指令去行事就可以了。可是，這種工作類型很容易出現一種隱瞞和恐懼的人際關係狀況。

直白地講，這個採購員有可能在採購之後拿到供應商的回扣，而這個採購員也絕對不會把拿回扣的事情告訴他老闆。此時，這個採購員就與他老闆建立了隱瞞和恐懼的負面人際關係，也就是說，這個採購員在完成一套工作規則之外，又平空營造出了一個讓他恐懼的人，就是他的老闆。這就是目前這個時代工作領域中最容易出現的負面人際關係的情況，這種情況也充斥在很多工作領域，而且有時候你隱瞞的也並不都是金錢——但是不論是什麼東西，你只要在工作領域中隱瞞和恐懼著另一個人，都屬於在工作領域和其他人建立了負面的人際關係——除非你的工作規則中有保密屬性。

若你目前在工作領域內存在著以上這種隱瞞和恐懼的負面人際關係，我建議你去學習〈聖靈的作用與隱瞞〉P097，你可以在工作領域中慢慢地操練克服隱瞞。我只是建議你**慢慢地操練**，這個措辭是我第一次用到的，因為目前這個時代，工作領域中的潛規則很多很多，人們也不能立刻戰勝對金錢的恐懼，而且人世間還有一種「民不舉，官不究」的潛規則，所以我只是建議你慢慢地在工作領域中操練正大光明。當然如果你在工作領域中的隱瞞是觸犯法律的，那就屬於硬性的了，能不能懸崖勒馬得看你自己的選擇。

以上關於工作領域中的隱瞞和恐懼為工作領域和奇蹟思維的第一個融合點，下文我再講述其他幾個融合點。

第二個融合點，回到本章信息的開頭：「工作能給人們帶來金錢，金錢又能滿足人們的食衣住行。」這句話首先代表了工作的基本目的。那麼，吃穿住行又為了什麼？最基本的原因就是身體的存活。那麼，一個人的身體存活又是為了什麼？這個問題每個人都有著不同的答案。你可能會說：「是為了更好地生活，更好地享受人生。」這個答案沒有問題，因為沒有人會剝奪你享受人生的權利。可是，我要把你的答案再昇華一下，那就是：**身體的存活是你從人生大夢中醒來的最重要工具——你只能依靠一具身體去學習和**

操練這套從人生大夢中醒來的思維體系，這才是身體存活的最終目的。如果你能以這個最終目標為志，那麼你對工作、金錢和身體的態度就會發生巨大的轉變，你的欲望也會大幅降低，這就會對你的心靈淨化起到很大的助力。

在世上生存的所有人，他們的潛意識中有著一種極深的信念，那就是吃喝拉撒睡能保證身體的運轉和存活，這種極深的信念雖然是虛幻的，可是人們在人生大夢中很難逾越這種虛幻的信念。此外，一個人的吃喝拉撒睡本身只是一種獨立的事件，它並不會引發人際關係的衝突，也不會營造出潛意識中的罪和內疚，所以你在這個人生大夢中該掙錢就掙錢、該吃飯就吃飯，根本沒有必要去操練在不吃喝拉撒睡的情況下保持身體的存活，這種極難的操練是沒有意義的。

第三個融合點，如果你目前已經在生活中操練了奇蹟思維，那麼你在工作領域中也可以去操練以下這條奇蹟思維：**多聆聽你的同事為你提出的符合你工作規則的建議和提醒，你可以多採納這些建議和提醒**。當你在操練了這條之後，你會慢慢發現，每一個符合工作規則的建議和提醒都能讓你在工作領域中避免很多錯誤和麻煩。

這條奇蹟思維的原理比較龐大和抽象，你會在學習和操練奇蹟思維的過程中慢慢理解本條的原理，所以我只把方法和益處首先講明。

第四個融合點，滿足家人的需求與工作領域的融合。這個融合點是：

如果你的家人只是希望你有一份普通的工作，那麼，你只要滿足家人對你的工作期望值就可以了。當然，你也可以在滿足家人期望值的基礎上掙更多的錢，但重點在於：**你的底線是守住家人對於你工作的期望值**。

提這個重點的主因在於：你在工作掙錢的過程中，有時候會把自己所認為的幸福標準強加給你的家人，通俗地講就是：你先認定了要掙到多少錢才會幸福，然後你還認定你的家人也是這麼想的，最後你就會完全忽略掉你家人對於你的真心期望。這樣一來，你不但會活得比較辛苦，你的家人也可能會活得很累，而且在這個過程的最後，如果你最終沒能達到自己預定的目標，你的內心還會產生內疚和負罪感。正因為如此，這種做法對於你來說是很沒有必要的。

以上這個融合點的講解即是工作領域和生活間的迷霧。若此時你已活在這種迷霧當中，那麼，你現在可以轉變自己的思路，把工作和掙錢的目的從思想上改變一下，讓這個目的更貼近於你家人的需求和期望就可以了。

當然還有另一種迷霧，那就是你的家人對你的工作期望值太高，可是你根本無力達到，此時，你的家人就有可能會怨恨和攻擊你。當這種境遇出現時，你首先要做的是從思想上把公事和私事分清。工作掙錢是公事範疇，在這個範疇內你要明白，你即便努力工作也有可能達不到預期的結果，所以公事範疇是你和你的家人無法控制的。當你如此分清公事和私人希望的不同之後，你就可以在被怨恨和被攻擊的境遇中操練交託恐懼和面對懲罰的思維了。這種操練的結果雖然無法預估，但最後的結果肯定是平安的結局。

奇蹟思維和工作領域的融合基本講述完畢，我講述這篇信息的初衷是為了使人們能在和諧的環境下好好地操練這套從夢中醒來的奇蹟思維，而且我希望你能盡早的從人生大夢中覺醒過來，並完成你那利益眾生的任務。

12

必讀附錄二：真寬恕的開始與修行的輔助

本章信息為兩個經驗談：

①聖靈到底與你有多近？

②修行之路最佳的輔助是什麼？

第一個經驗談，用一個例子講解：

有一天，我打碎了一個玻璃杯。這個事情被我的家人看到了，然後我的家人對著我指責說：「你永遠都這麼毛毛躁躁，好幾個玻璃杯都被你摔壞了。」

這時候我該怎麼做呢？首先，我得要明白自己只是在一個夢中被家人指責，並且明白指責我的家人也只是我夢到的一個虛幻形象，然後我就可以認知到：「打碎玻璃杯並被家人指責的事件」只發生在一個夢境中，根本就不存在。接著，我會思維到我的家人只是一個純潔無罪的概念。此時，聖靈會進入我和家人的關係中，因為聖靈會棲息在我給出的純潔無罪中。最後，聖靈就會去修正我家人的某些攻擊思維，並促使他停止攻擊。這就是「修正別人不是你的職責，而是聖靈的職責」的含義。

從這個例子中可以得出，只要我首先使用出奇蹟思維，聖靈就會被我邀請出來，並會賜予我一個平安的結局。聖靈就是如此活在每個人的心中，並一直等待著每個人去操練奇蹟思維的，聖靈與你就是如此得近。

第二個經驗談，修行之路的最佳輔助是什麼？那就是按照白沙和阿頓（注：《告別娑婆》系列叢書中的兩位元聖師）的指引，一年看一遍《奇蹟課程》（正文和教師指南），並完成一遍奇蹟練習。當然，有時候初學者會拖延一些日子，有可能你會用一年半的時間看完一遍《奇蹟課程》和做完一遍練習，這都是自由的。不過，我講述的經驗是：如果你能按照白沙和阿頓的指引嚴格執行，你能獲得的效果一定是最佳的。

在看書的這一路上，你只需要培養一下耐心和毅力。因為有時候你可能會在看書的時候昏昏欲睡，或者乾脆看不下去。這時候，如果你能再咬咬牙，哪怕看不懂，也強行看完每天該看的，那麼你的意志力就會不斷地壯大。這種看書的意志力和看書本身就會成為你最強大的修行輔助。

我在一百二十四頁中提到的所有書籍，都是聖靈給你的，這些書都具有教學的意義，特別是《告別娑婆》系列。當然，我提到的這些書中，有一本是人寫的，可這本書中的很多紀實也是具有教導意義的。例如海倫夢到了一本厚重的書，然後聖靈說：「可以了。」其實，你不是也遇到了那本厚重的書嗎？你的時候不也已經到了嗎？

此外，書中還記錄了一個場景，那卷軸的左邊是過去，那卷軸的右邊是未來，而卷軸的中間赫然有一行大字——

上主永恆如是。

好，本章信息雖然簡短，但是它很有可能會成為你修行的開始，希望你能早日踏上奇蹟之路。

13

必讀附錄三：孩子的教育與修行

本章我會講述作為修行者的你要如何看待孩子的教育問題。

這篇信息出現的原因是，有很多人會因為修行就忘記了如何教育孩子，或者更有甚者，有些人會把修行的理念套用在教育孩子的問題上，而這種盲目的套用又會使他的內心產生某種衝突。所以，本章的目的就是為了幫你理清修行與教育孩子的內在區別，這樣就能為你大幅度地消滅衝突。

首先，從廣義上定義一下未成年人群的屬性。在人世間，未成年群體確實是一個比較「特殊」的群體，他們的「特殊性」在於這個群體會持久地處在一個不斷學習人世間客觀規律的狀態中。通俗地講即是：一個孩子從生下來的那一刻就要學習自己應該吃什麼和喝什麼，然後他們還要學習隨著溫度的變化要穿什麼。這些學習的共通性是圍繞著他的那具身體展開的，也就是說，一個孩子從出生開始就要學習什麼東西和事情是對身體安全和有利的，什麼又是危險和不利的。然後隨著年齡的成長，他們還要不斷地變換著自我認定感和學習一些普遍的文化知識。例如他會被家長告知：「你現在是小學生了，你要做什麼什麼。」「你現在是中學生了，你又要做什麼什麼。」在這個時候，孩子就會不斷地變化著自我認定。與此同時，孩子在成長的過程中還要學習一些普遍的法律規則和處世之道。直到最後有那麼一天，當他學習完了大部分的人間規則之後，他就會認定自己是個成年人了。這就是孩子的成長過程。當然，這個過程也是你經歷過的。

從以上的定義中你可以看出，孩子在成長的過程中，要學習三個範疇的事情：

①如何使身體安全地存活。

②各種基礎性的文化知識。

③人世間的法律規則和人與人之間的普遍互動規則。

所以作為一個家長，你要做的即是教育和協助孩子學好以上這三個範疇的事情。這不但是你的責任，也是你必須要去執行的事情。具體來說：

①你要好好教導孩子，什麼東西和事情是對身體有益和安全的，什麼又是有害和危險的。在這個基礎上，你還要盡到保護孩子的職責。也就是說，當孩子身處險境或將要身處險境的時候，你一定要警醒並保護他的人身安全，並讓孩子脫離或規避險境。在這個問題上你要做到盡可能的認真。

②作為一個家長，你要協助和督促孩子學好「普通」的文化知識，這

種協助和督促也是你的一種職責。本條的注意事項是：作為一個真正修行的人，你應很清楚地認知到，每一個孩子的學習成績並不會完全相同，而孩子每個階段的學習成績也不能作為孩子成人之後的幸福與不幸的評判標準，所以在孩子的學習成績問題上，你不用過多地給予自己不必要的壓力。

③你要在合適的時機教導孩子一些人與人之間互動的普遍規則和人世間的一些基礎性的善惡標準，然後你還要告訴孩子，哪些惡行是會觸犯法律的。這時候你的孩子就會逐漸地培養出正確的法制觀念。

綜合上面所述，對於一個真正修行的人來說，雖然這世界是虛幻的，雖然每個人都是上主之子，但是在線性時間下，你的孩子並不是一個修行者，你的孩子也還沒有學習完夢境世界中的普遍客觀規律，所以，身為家長兼修行者的你必須清醒看待孩子的教育問題，**你不能糊裡糊塗地把修行的某些理念直接套用在孩子的教育上**。因為如果你這樣做了，你不但會給自己招惹麻煩，你還會影響到孩子的成長。

這世上有這麼一個規則，那就是：**來到這世上的每一個人，都會首先學習人世間的普遍規則，並按照這些規則去做事，然後他才有可能會進入出世間的修行領域**。所以，教導孩子學會人世間大部分的客觀規律是你註定的職責，而學習這些客觀規律也是每一個孩子必定要走過的歷程——不論孩子在成人之後會不會進入修行領域，都一樣。

最後，如果你要問：「有什麼修行理念是對孩子有益處的？」那也只有誠實的素質和不隱瞞的思維了。你完全可以在合適的時機，教導孩子一定要對大人誠實，或者你可以在合適的時機，教導孩子不要做隱瞞的事情。這兩種教導的作用在於，它可以促使孩子和你保持暢通的交流，而暢通的交流又會促成你能更好地指導孩子，這樣你的孩子就不會做出一些出格的事情了。這就是親子關係的關鍵所在。

最後我建議你，在學習這些信息的時候，你最好綁定《奇蹟課程》和《告別娑婆》系列叢書一起閱讀，因為我的信息都來自這兩套書籍，我的信息也不會超越這兩套書籍。阿門。

14

一對一心靈治癒規則

治癒師會通過一對一的交流來解除你的心靈痛苦，並會幫助你度過人生的困境。所以，作為求助者的你，要首先講明自己目前所處的逆境和具體的煩惱，然後你就會得到解除這些逆境和煩惱的具體方法。

在講明規則之前，首先建議你去閱讀所有的必讀信息。因為如果你看完了所有的必讀信息，也許你就可以自行解除目前的煩惱和痛苦了。

以《奇蹟課程》教師指南中的三個絕對指引作為基礎：

P-3.III.6.（註：通過這些符號可以在《奇跡課程》〔若水翻譯版〕中找到原文）。沒有一個人會因為付不出任何費用而被治癒師拒於門外。

P-3.III.2.付費的決定權不在治癒師手中。

P-3.III.6.即使病患上門，只是帶給治癒師所需要的金錢，雙方仍會因此而蒙受祝福。

並在這基礎上制定出以下四條一對一治癒規則：

①治癒師不會把任何真心求助拒之門外，所以你務必要帶著具體的問題和真心前來求助。求助的次數不限。

②你要聽從治癒師的時間安排和治癒師選擇的交流工具，例如當面交流、電話、視訊聊天、電子郵件等工具。

③沒有任何付費規則，當治癒師完成對你的協助後，你用金錢酬謝或不做任何酬謝都可以。這些都由你決定，而且金錢的多少也都由你決定。

④如果你只是前來捐贈的，你可以先和治癒師打一個招呼，然後治癒師會親自向你道一聲：「兄弟，你辛苦了，感謝你能前來資助這份利益眾生的事業。」

以上這四條規則代表了治癒師要對你說的話：「治癒師只要求你的真誠，治癒師除了『治癒』之外，其他一切都與他無關。」

當然，也許你會在一對一交流的時候有所隱瞞，這不過表示你還不想學習這些隱瞞之事的處理方法。所以，建議你不要害怕向治癒師坦白，因為你坦白得愈多，你學到得就愈多，治癒的效果就愈好。人世間有這麼一句話：「不如意事十有八九，能與人言者無二三。」治癒師的工作就是解除這些不能與人講的痛苦。

你若想找治癒師進行一對一的交流，可以直接進入奇蹟之路網進行信息查詢。

中篇

溫柔的輔助

（安安通靈作品）

1

形體有無數個，但心靈只有一個

在《奇蹟課程》裡說：

因為你們以為自己和創造你們的源頭（上主）分開了，因此，你們以為自己對你們的源頭犯下了滔天大罪，再也不可能得到祂的赦免了。因此，你們只能背負著這個抹不去的罪名，四處躲藏。因心裡罪孽深重，承受不起，就利用祂（源頭，上主）賜給你們的創造力，將罪投射到形體上，也即，將心靈以為自己犯下的罪行，轉移（投射）到不存在的假象上。將自己不願意面對的投射出去，投射到看似很逼真，但其實是一個影象的形體裡，把這個形體看成與你無關：他這裡不好，那裡不好，這樣不是，那樣不是，統統與你無關。

你們試圖用這樣的手段來減輕自己心裡的罪。其實你們一體的心靈知道，除了上主的天國之外沒有其他東西存在。這深深的記憶不可能因為你們投射出去的無數分裂的看似真實的影象而抹去。

在《奇蹟課程》裡，「一體心靈」是個很重要的洞見，它指出了你們的真實存在。沒有其他心靈，只有一個心靈，形體有無數個，但心靈只有一個。形體只是同一個心靈轉移罪疚造出來的形象而已。

如此，心靈在發出任何想法的時候，因只有一個心靈，所以給出和接受的必是同一個。**當你給其他人定罪的時候，其實沒有其他人接受這個罪，接受這個罪的是你自己的心靈。你與其他人形體上互不相干，實際上卻是一個心靈**。正如《奇蹟課程》所說，你看到的其他人的形體，是一個心靈投射出來的，其實沒有其他人。

形體不是真實存在的，正如你在好多光源下會有好多影子。影子看似各自獨立，高矮、胖瘦、姿勢各不相同，但其實都是你的影子，都出自於你。一切形體都是同一個心靈投射出的影子，身體不過比影子看似多了一些真實。其實，本質上都是一樣的。

所以，同一個心靈給出的和接受的是一樣的。你看到其他形體，對他做出什麼樣的評判，你其實就是在對自己做出什麼樣的評判（你如何看別人，就如何看自己）。**你總是停不下來的是非對錯的念頭，其實都是對你發出的**——你在你的信念系統裡營造的事物都是給你的。一個心靈營造，同一個心靈接受，沒有其他受體。信念是你發出的，它也只對你起作用，你營造的全歸你。

2

認出世界的不真實，即是帶你去真相的路

通靈我信息的通道，正是我在世間的代言人。信息的智慧因通道的代言人被你們接收到。在你們的層面，聽到信息才是最重要的，信息改變你們的信念系統，使你們的信念系統成為智慧的信念系統，成為帶你們離開這個夢幻的信念系統，幫助你們在這個夢幻中認出夢，憶起你們的真實身分。一如你們所知道的大師們所走過的，你們也能如他們一樣走出夢幻。如此，才能解脫一切苦，使幸福被你們真正地體驗到。

一切苦來自真相基本被澈底遺忘。夢，成了你們的真實。當非真實的被你們當真，你們深陷其中，苦自然不能去除。

所以，一切法究竟的目的，即是讓你們認出你們不是這些深陷其中的、在你心靈裡以為的真實，它只是你編織的一個夢而已。打破這個夢，出離這個夢，是夢裡所有生命的唯一目的。

（在這裡，我頭腦裡有個疑問：「真實的生命沒有在夢中，一直在天國呀？」回答說：「請你們不要摳字眼，其實你們並不在夢中，你們把自己當成了夢中人。」）

因此，需要認清的是，你不是夢中的人，你不是身體，以及你現在認知裡的一切，你不是夢裡的任何。在你的認知裡，所有的一切都與你的真相無半點關係。

真實不能夠被認知，因此，你的認知與真相沒有任何相同之處。你需要練習的是，認出世界的一切都不是真實的，認出它不是真實的，即是帶你去真相的路。總之，認出世界的不真實，就是你在此的目的。

你認出來世界的不真實，世界在你的意識裡消失，它不能再制約你的自由以及幸福。它如同你投射出的影子一樣，不管是什麼樣子，都完全影響不到你。你的自由從你的影子中釋放。它們從來就沒限制你的自由，是你把它們當成了自己，才使你感覺失去了自由。它們被你賦予了限制你的魔力（能力）。**你就是你自由的唯一限制者，你也是釋放自己的唯一主人**。救世主非你莫屬！

在世間，你沒有能力從你製造的夢裡醒來，但你在真實中醒來是無可爭辯的事實。

你從來就沒離開過真實，你怎麼能醒不來呢？

在你的夢裡，如同在你的影子裡，影子無任何能力認出它自己，但是你能夠認出影子不是你，如同認出身體不是你。你在你的真實裡認出了你的夢，你不能在夢裡認出你的夢。你的身體如何能認出自己不是真實的呢？身體沒有認知的能力，心靈才有認知的能力。

在你們的生活中，處處你都當真了，處處你都被假象制約著你的感受，你自己不能左右你的感受，時而喜，時而悲，一切以假象被你認為是否有益而產生不同的反應。一切假象，怎麼會對你有害呢？你的影子怎麼會影響你的真實呢？你怎麼能夠讓你的影子來決定你呢？但實際上，你就是被你的影子左右了。你是想繼續被你的影子左右，還是找回你真正的身分權利，你自己是決策者。

3

病態的信念、認知是疾病的根源

親愛的朋友、弟兄，你們好。

今天和你們談一談你們很多人關心的身體健康問題。

在你們的心裡，除了你們的身體，沒有什麼讓你們更掛心的了。在你們的衣食獲得充足的保證後，身體健康成了你們現在很多人所關心的。

身體既然在你們心中代表著你們自己，肯定你們視它為生命本身，去想方設法使它長壽、長壽、再長壽，使你們的生命在時間的幻相中盡可能地多延續些時日。

但是，身體並不是真正的你，你是心靈，身體只是你心靈投射出的影子而已。你的身體呈現什麼樣的相貌，健康與否，不是身體自己決定的。影子怎麼能夠決定自己的狀態呢？影子是什麼形態，做什麼動作，是動還是靜，怎麼會由它自己決定呢？你才是你的影子所有狀態的決定者。如同你的影子一樣，身體是什麼狀態，根本不是它自己決定的，而是由投射出它的心靈決定的。因此，身體呈現出來的一切，不是出自它自己，而是出自心靈這個發出者，也即，身體一切的因。

身體在任何層面出現的任何狀況，都是由心靈這個因決定的。發出者，也即因，到達身體這個果，是天定的因果律，不可能反過來。**因果顛倒是一切問題得不到解決的根源——身體的問題不是來自身體本身和你們認為的外來不良因素的干擾，它唯一的，也是根本的原因是心靈出現了問題。**

形體不只是指你們所感知到的身體，形體泛指除了心靈之外的一切。

形體出自於心靈，表達著心靈，反映著心靈。其中，身體是最能代表心靈的，心靈也把身體當成自己。通過身體的健康狀況也最容易看到心靈的信念意識狀態。然而，看似健康的身體未必健康，否則就不會突然死亡。

（在這裡我心裡想：「有的人的身體就很健康啊！」內在的聲音就回答說：「看似健康的身體未必健康，否則就不會突然死亡。」）

身體一切的方方面面都反映著心靈的方方面面。身體的堵塞反映著心靈的堵塞，身體在你們科學儀器根本檢測不到的層面也存在著堵塞。在你們的概念裡，身體高級層面的堵塞體現在下一級層面的堵塞，比方說，中醫所說的經絡堵塞，反映在氣血不通；氣血不通反映在身體的固態層面，就反映為疼痛、腫塊等。

身體終究是心靈的影子，它出自於心靈，必然取決於心靈。身體疾病的源頭是心靈病態的信念、認知。解決身體疾病的根本藥物就是，修正心靈病態的信念、認知。

所謂病態的信念、認知，其根本的基礎信念就是：「上主不再愛我們，祂收回祂所有的愛。」我不再擁有祂給我的一切，包括完美的生命，因此我不可能完美。心靈把身體認定為他自己，因此他投射出來的身體，沒有一個是完美的——身體短短的壽命就是心靈認為自己不完美的見證。

身體疾病，所有的根源都在於發出它的心靈的病態信念、認知。治癒的唯一藥物就是，修正這一病態的信念、認知。用正念修正，也即用《奇蹟課程》所說的，聖靈的信念修正。

聖靈的信念代表了上主傳遞給聖子的信息，代表了上主對聖子的愛。信任聖靈代表上主傳遞的信息，即是信任上主的愛；即是修正了心靈病態的信念、認知；即是不再認為自己失去了上主的愛；即是不再認為自己不再是上主當初創造的那個完美的自己。

信任聖靈代表信任上主傳遞的信息，即是代表著心靈願意接受上主的愛，不再把上主早已給他的愛拒之門外，不再視上主為追殺他的敵人，不再視上主為自己的果；即是承認了上主為自己的因，承認了自己始終都是上主當初創造的那個自己。

上主為因，自己為果。正如自己的心靈是因，身體疾病是果。

身體疾病因為心靈修正了病態的信念、認知，從而恢復健康。

這就是今天要和你們談論的，身體健康的話題。

4

身體服務心靈才是被照顧好了

親愛的朋友、弟兄，你們好。

今天要和你們談一談與身體有關的話題。身體在你們心裡處於一個十分重要的地位，你們認為身體就是你們的生命本身。

身體處處顯示著它主人的身分。在你們的生活中，幾乎所有的辛苦、勞作都是圍繞著身體而發生的。身體需要吃、穿、住、行，精神需求也是圍繞著身體。沒有一樣辛苦、勞作、付出不是圍繞著身體的，身體成了心靈的主人。心靈的創造力，用來為身體的需求服務。身體如果有了問題，你們就會十分緊張，仿佛你們的生命受到了威脅。

身體時刻都被你們維護著它的生存。比如身體的冷暖和飢飽、是否安全、是否被認可尊重、是否感覺有價值、是否被愛、是否處在一個身體裡被另一個身體愛撫、是否身體有一個伴侶、是否身體健康、是否身體有一個大的居所、是否身體處在一個看起來舒適的環境裡……等。

你看你們操心著身體這麼多的需要，這讓你們忙碌得根本就沒有時間顧及到你們真正的身分——心靈。身體成了你的替身，占據了你的位置，你則成了它的奴隸。它不能滿足需要時，你就跟著受罰；它稍微滿足時，你也就偷著休息一下。心靈被用來服侍身體，被用來服侍一個影子，圍著影子轉，把自己的影子當成了自己。

忘了自己擁有無窮力量的人，如同失去了力量。

你們有個比喻叫做「拿著金飯碗要飯」，你們就是拿著金飯碗要飯的叫化子。不知道自己早已擁有無窮的財富，還要去要飯，請求施捨。上主早就賜給你們一切所需，你們不記得了，捧著金飯碗乞討了數不清的時間。

在你們捧著金飯碗的乞討生涯中，不敢去設想：是否這樣的生活錯了呢？是否可以不這樣呢？是否有更好的輕而易舉的途徑、真正的幸福？

你們如果能夠經常停下來問問自己，那埋藏得很深的記憶或許會掠過一絲閃光。

在這個閃光裡，似乎有某種在你們的乞討中，從來就沒有的東西甦醒過來。你們的生命被開啟了新的視野，你們不再重複以前的生活，開始尋找真相，找尋真正的自己。這就是你們許多人已經開始著手做的。

開啟了新的視野，在你們的心靈裡，如同黑暗被照進了光。你們開始逐漸看清你們早已擁有的財寶，雖然模糊不清，但至少你們開始懷疑你們一直過的生活，並開始朝著那影影綽綽看似是財寶的地方看。終有一天，你們會發現自己本來就有的財寶，無需再去乞討。身體不再被你們當成主人，你們從因果顛倒的夢中逐漸醒來，重新樹立你們因地（注：上主是你之因，上主之子是你之果，除了這個因果之外沒有其他因果）的身分，不再圍繞著身體轉，而是利用身體去創造你們想要的，分享你們逐漸覺察到的真實。

身分確立了，在心裡你們能夠把身體當成工具，行走在夢裡的工具。

給它必要的生存所需，但不再以它是否符合夢裡給它規定的是否富有、是否被尊重、是否體態美等等而貼上的種種標籤而喜樂悲憂。

如此，你們才是自己真正的主人，才是找回了自己真實的身分，那麼離家也就不遠了。

身體不是不需要照顧，它在這個幻相中被按照一定的程式製造出來，設定的就是它需要能量的供應和補充。它在這個幻相中被照顧好，是對心靈踏上歸途有益處的。身體被放在它合適的位置，做它本分內的事即可。

身體不用刻意照顧，心靈才是你要刻意去照顧的。時時覺察心靈的狀況，及時發現它扭曲的狀態、神志不清的狀態，用聖靈的信念修正。這才是你時時要做到的。

這就是今天我與你們談論的身體話題。

5

在世界裡，你真的幸福嗎（一）

親愛的弟兄、朋友，你們好。

今天要和你們說的話題是：在世界裡，你真的幸福嗎？

幸福對於你們每一個人來說，沒有人會不想要。當然，你們對自己說，我有時候就想體驗痛苦，那是因為痛苦的體驗能使相對來說幸福的體驗更幸福。比方說，你們無所事事的時候，感受不到不用操心任何事的幸福，你們得讓自己忙碌、勞累之後，你們特別想休息，特別想什麼都不做，只想休息。這時候你得到一個休息，就會感覺到能休息是件特別幸福的事。

你看你們還是想要幸福，但是你們是通過「比較」來體驗到一點點的幸福。世間所有的一切存在的差異都會讓你們比較，在比較好的狀態下，你們感受到一點點幸福。這就是你們在這個世界，體驗的一點點幸福的機制。

因此，你們就比較啊、比較啊，一個勁兒的在比較。沒有了比較，你們連一點點的幸福都感受不到。在比較的過程中，你們為了獲得相對來說比較好的，充滿了無休止的競爭、無休止的勞心費神，就是為了得到那一點點的比較出來的幸福。

在你們的認知系統裡，相對來說對你們有益的事，你們就認為是好的；相對來說對你們無益的事，你們就認為是不好的。有益無益，也是你們自己設定的，設定的標準還在不斷地變化。你們還不斷的為這種變化的福利標準而奮鬥，永不停歇地費心費力，直到耗盡最後一口氣。你們經常說：「只要我還有一口氣，我就會怎麼樣怎麼樣。」可是，你真的能從這些無休止的費心費力中幸福嗎？這無休止的費心費力，真的活得讓你心裡舒服嗎？

在世界裡，你看似活著，但你沒有活著。你被當成了機器，不停的費心費力地運轉著，直到你不能再動下去。

你的生命就是如此嗎？你真的滿意這樣的生活嗎？若你真的滿意這樣的生活，為什麼你恐懼擔憂呢？你恐懼擔憂，說明你不滿足這樣的生活，因為這並不是你真想要的生活，你真想要的，這個世界給不了你——因為這個世界沒有一樣是真實的。

你在這個世界裡找不到真實，正如你在水裡撈不到月亮。你在真實不在的地方找，如何能找到？你費心盡力的空手而返，心裡只留下更多的恐懼、焦慮，只留下更多的匱乏不滿。在真實不在的地方去尋找，你們一直在做著這件事。這就是你們神志不清的證據，這就是你們被蒙蔽了心靈的證據。你們被假象蒙蔽，還把假象當寶貝，爭呀，搶呀，一直在上演著爭搶的鬧劇。這只會使你們更加的恐懼匱乏，這只會使你們更加的疲憊、枯竭。

真實在這個世界裡找不到。它在哪？它在這個世界消失的地方。它在所有的虛幻都消失的時候才會顯現出來。它一直都在，但虛幻的世界蒙蔽了你們，使你們看不到它。只有你們不再把這個虛幻的世界當真，不再被這個虛幻蒙蔽你們的心靈，除去了灰塵的心靈才能感受到真實。

世界是個虛幻的影子，它從來就沒有真的存在過，它始終都是你心靈的影子而已。你心靈分裂的意識，投射出的這個虛幻的世界，不停地蒙蔽你，你被你的影子蒙蔽了你的真實。

你在你充滿罪惡感的心靈裡造出一處處充滿恐懼的夢，你倍感罪惡的心靈投射它難以承受的愧疚、恐懼到這個世界裡，因此你如何能在這個世界找到幸福和安寧？出自於你心靈的這個充滿罪疚與恐懼的世界，怎麼能夠帶給你真實呢？投射出這個充滿罪疚與恐懼世界的心靈，瘋狂地繼續向這個世界投射出恐懼和罪疚，失去了控制，因罪疚不能被化解——不能被化解的罪疚就是這個世界存在的源頭。除非化解了罪疚，只有如此，瘋狂地充滿了罪疚和恐懼的世界才會消融。消融了世界，真實——一直都在的真實——必會顯現。真實才是你真正想要的，真實才是真正能夠讓你滿意幸福的。

真實就是你真實的存在，你始終都真實地存在著，因為你被創造如此。上主創造了你，按祂自己的真實創造了你。祂的真實就是你的真實，你與祂，除了你不能創造祂以外，無任何不同。祂創造了你，你是祂生命的一部分。祂為了保證你始終都是祂生命的一部分、始終享有祂的全部做了此設定。此設定保證你始終如一地享有祂的一切，這正是祂愛的體現，是祂的也是你的，你與祂一體不分，永恆如是。

然而，你忘記了這一切，被一個瘋狂的念頭灌了迷魂藥，以為自己背叛了上主，以為自己有能力創造不是上主創造的自己。種種的操心，都是來自那個你以為自己成了非上主創造的自己的瘋狂念頭。除去這個瘋狂的念頭，就是你的救恩所在，就是憶起你的真實所在。你在這個世界的所有念頭，都是這個瘋狂的念頭變化出來的，去除這個瘋狂念頭變化出來的所有念頭，正是你回家的旅程。因為你瘋狂的念頭造出了這個世界，蒙蔽了你的心靈，除去這些念頭就是你憶起自己的旅程。

然而，這並不是那麼容易的！**在這個幻相的世界，念頭不斷地從你心靈裡投射出來，而你需要練習覺察這些念頭的能力，當它們被你覺察到時，你就不再任它們在那裡偷偷地胡作非為了。**你就相當於看見了偷東西的小偷，知道小偷要行動了。這時候你要怎麼辦呢？叫員警呀。誰是員警呢？聖靈。叫得來或叫不來聖靈，端看你是否真的想抓住小偷了：你真的想抓住小偷，聖靈絕對會來幫你；你若並不是真的想抓小偷，聖靈不會干涉你的自由意志。這就是為什麼被你覺察到的扭曲的念頭，有時候能馬上扭轉，有時候不能的原因。

在這個世界裡，真實根本不存在，形體世界如影子一樣，看似有卻是無，你根本就無法從這裡得到幸福。**你們認為得到的那點幸福，不過是痛苦相對來說少一點罷了。幸福不能在這個世界被體驗到，在真實裡才有幸福。**

6

在世界裡，你真的幸福嗎（二）

親愛的弟兄、朋友，你們好。

今天繼續談論「在世界裡，你真的幸福嗎？」這個話題。

前面談到，你們在這個世界裡是找不到真正的幸福的，因為這個世界並不是真實的。這個世界如同你們的影子一樣，是你們心靈投射出的影子。影子能帶給你什麼呢？它怎麼能夠反過來給你提供什麼呢？它怎麼能夠帶給你幸福呢？它怎麼能夠影響你的幸福呢？它靠你才貌似存在，你投射自己成為影子。它是什麼形貌取決於你，你是它的決定者，你是它的主人。**世界是什麼樣子，是你決定的，它呈現出的所有一切都是你決定的。**因為它出自於你，因為你才能存在，它沒有生命力。

你經常被世界干擾你的心情，將肇因推給外在的世界，你這真的是「欲加之罪，何患無辭」！你給世界定罪，其實在給自己定罪。

世界出自於你，聽從於你，你認為世界是有罪的，那你不是在說自己有罪嗎？因此，**你從來都是給自己定罪，看似你在給世界定罪，其實你都在給自己定罪**。

世界出自於你，必然肖似於你。你看不慣世界，就是看不慣自己；你痛恨世界，就是在痛恨自己；你排斥這世界，就是在排斥你自己。你造出了世界，不是世界造了你。你打造了一個不能在其中獲得幸福的世界，因幸福不可能在一個不真實的世界裡。幸福怎麼會在影子裡呢？所以，你在這個世界裡痛苦，因為你不能夠寬恕世界。你把世界當真，給它定了許許多多的罪名，不給它愛，它如同被你拋棄的孩子在痛苦中掙扎。你投射出來的，即是出自於你，你將自己認為的自己投射到了世界裡。你投射的這個充滿了衝突、戰爭、疾病、仇恨、污染、貧困、人與人之間互不信任、相互猜忌、分配不均等等你不願意看到的情形，都是出自於你。你投射自己到世界裡，你感受到的世界就是你。

看一看你心靈深處是否有我上述所列舉的情況。

你的心裡有恨嗎？你的心裡有匱乏感嗎？你的心裡平等地看待所有的一切嗎？你的心裡是否感覺到受傷呢？你的心裡是否有衝突和矛盾呢？你是否心裡覺得自己不夠純潔呢？你是否心裡覺得自己很卑微，沒資格擁有美好的事物呢？你的心是否會處在一種可憐的狀態呢？你是否心裡覺得不如別人呢？你是否心裡看不起某些人呢？你是否心裡崇拜某些人呢？你是否心裡容不下某些人呢？把你心裡的一切，對照這個世界，看看是否一樣呢？

世界就是你心靈的寫照，你決定著這個世界的樣貌，如同影子跟隨著你身體的動作而動作一樣。身體決定著影子，而不是影子決定身體。如果要使影子的動作和諧，那就得使身體的動作和諧起來。**世界的和諧取決於你心靈本身的和諧，因此，心靈才是你下功夫的地方，因此，心靈才是你需要改變的對象**。心靈充滿了瘋狂的神志不清的認知，它怎麼可能投射出一個和諧的世界呢？怎麼可能給自己造出一個和諧的身影呢？它怎麼可能不把這個世界搞得瘋狂淩亂呢？它只有自己改變了，影子才會跟著變，因此，心靈清潔比什麼工作都重要。

心靈改變了它瘋狂扭曲的認知，作為它影子的世界必然會跟著改變。然而，這是從影子的角度講，許多人希望這個世界變得更美好，在他們的這個層面，告訴他們改變心靈才能改變世界，是符合他們的意識水準的。**從幸福的唯一來源——真實的角度來講，真正的幸福只能來自真實。你的真實就是神聖完美的上主之子，你只有憶起自己的真實，才能感受到真正的幸福。**那麼，你如何才能憶起自己的真實呢？前面說過，你之所以憶不起自己的真實，是因為瘋狂的神志不清的念頭、認知阻礙了你憶起自己的真實。憶起真實的唯一途徑，就是停止你瘋狂的神志不清的念頭，不再相信自己真的和上主分開了，不再相信自己背叛了上主，不再給自己定罪。

一樣的途徑，不管你想使這個世界變得美好，還是想憶起自己的真實，都是從心靈的改變著手，沒有第二個途徑。

這就是我今天和你們談論的內容。

7

世間法與追尋真相之間的平衡

親愛的弟兄、朋友，你們好。

今天要和你們談的話題是：在世間法和追尋真相之間，恰當的平衡。

這裡所謂的世間法，我給它的定義是：生活法則，即是你們生活在這個世間所要遵循的道德規範。這便是我指的世間法的內涵，而追尋真相，即是出世間法，這是我做出的名辭解釋。

生活在大千世界中，需要和緣分中的人打交道，需要以這個世間的道德規範為指南，從事世間的工作、生活等你們進行的一切活動。**你們集體意識規範了各個領域的統一標準，在生活工作中，你們不能脫離這些標準對你們某種程度的限制**。因此，在你們集體意識統一設定的規範裡，靈活地處理出世間法對你們的教導，是很實際的問題。

《奇蹟課程》的重要理念之一就是：世間的一切都是幻相，不是真的存在。在處理這個重要的理念與世間的規範上，如何協調呢？

這樣來協調它們：用出世間法的理念來容納世間的規範。

既然世間的一切都不是真的，遵守它對你來說是困難的嗎？遵守它會使你的心靈失去自由嗎？如果不把它當真的話，遵守它怎麼會阻礙你的心靈自由呢？

遵守它，如果影響了你心靈自由的話，那麼出世間法的理念被你真的相信了嗎？

出世間法包容一切世間法，因為它不會把世間的一切看成真的——因此，並不存在出世間法與一切世間法的衝突。

在世間生活更是有利於證悟出世間法。當世間看似形形色色的一切，真的不能影響你心靈自由的時候，你親證了出世間法。倘若看似形形色色的一切，對你心靈自由沒有任何阻礙，它們會是真的存在嗎？它們不是個幻影是什麼？它們被你證悟了它們的非真實性。

這就是對出世間法與世間法，沒有任何衝突的闡述。

心靈才是你真正的主人

心靈才是你真正的主人。你們一直被教導：要做自己的主人，不要做奴隸，可是你們始終都是在奴隸的角色裡為一個影子服務。你們放棄了自己的主權，放棄了自己的權利，把力量交給這個影子般的世界，來讓它掌控你們的心靈，讓它奴役你們的心靈，讓它欺騙捉弄你們的心靈。你們一直喊著要做自己的主人，但實際上你們根本就不是自己的主人，但是，你們以為自己這樣就是自己的主人。所以，你們從來沒有去反思：我是不是自己的主人？我是不是自己真正的主權者？

你們以為這個世界就是很正常的世界，世界就該如此。但是，這完全是一個謊言，完全是一個花招，完全是一個欺騙。所以，真正的聰明人，是不再貪戀這個世界一切的人，是能夠放下這個世界一切的人。我說的放下，不是讓你把自己在這個世界擁有的一切都丟了，我講的一切，都是指你的心靈層面，在心上把它放下。至於在形式上，你到底是給出去還是繼續保留著，都無關緊要。是你在心靈上不再把它當真，不再被它們奴役，不再因為它們的得失而影響你心靈的平安。**這是我所說的「放下」，這是我所說的「不貪戀」**。

這個世界不過是一場夢，金山銀山、富貴榮華都是彈指一揮間。這個世界它再華麗、再富有、再輝煌、再巨大，它也是一個假象。它怎麼能夠配得上你榮耀的上主之子的身分？它不配你們上主之子的身分！但是，你們以為這就是你們只配擁有的一切，你們為這些你們以為自己值得擁有的一切費心費力、耗盡心血，在這裡苦苦地掙扎。但是，終其究竟，它不過是一個夢幻泡影罷了。你辛辛苦苦爭來的、掙來的，不過是一個肥皂泡泡罷了。你在爭什麼？你在搶什麼？你在貪戀什麼？你在放不下什麼？你試圖從這個世界裡得到幸福的話，你只能是水中撈月、鏡中看花、緣木求魚，永遠達不到你的目的。世界並不真的存在，正如水中的月亮並不是真的存在。要撈月亮，要到它真實存在的地方；要得到幸福，要到它真實存在的地方。這才是聰明人的選擇，這才是真正有智慧人的選擇，這才是除去了無明之障人的選擇。

你們害怕失去這個世界，是因為你們內心裡沒有力量，是因為你們失去了對上主的記憶。當你能通過練習真寬恕，通過修習《奇蹟課程》逐漸地培養出對上主信心的時候，你們對這個世界的貪戀、對這個世界緊緊抓住不放的恐懼心理也就會緩解。內心的平安多了，內心的力量大了，對外在抓緊的程度就放鬆了。

所以，**你要做的並不是緊抓這個世界，而是樹立對上主的信心；對你神聖的上主之子的身分深信不疑的那份篤定**。

你的恐懼來源就是在於你相信這個世界是真實的，也就是你相信了你的罪，相信了你跟上主分開了。不管是什麼樣的恐懼，是你們認為的大事小情，是擔心自己還是擔心別人，它的根源都在於你認為背叛了上主的那個恐懼。小我非常地會耍花招，會設計很多很多的狀況，讓你看到恐懼，讓你體驗到恐懼。但是，**你的恐懼只有一個來源，就是你心靈深處以為自己背叛上主的那個認知**。經由《奇蹟課程》的修習，你徹底扭轉了引發所有恐懼的根源。根源除掉了，看似形形色色的恐懼才會真正地除掉，罪疚才會被真正地瓦解，這才是解決你們脫離輪迴的根本之道。

你之所以還懼怕這個世界，你還擔心這樣那樣不好的事情會發生，是因為你還把這個世界當真；你還以為這個世界是你的主人，左右著你的命運、左右著你的感受；你還把權力放在這個世界裡，而沒有收回到自己手裡。當你心裡真正的平安了，這個世界被你內心的平安映照出的影子也就平安了。你看不見過往所有種種讓你煩惱、苦悶、不幸的事物，因為在你祥和內心投射出的一切影象都如你的心一般的祥和平安。

讓這個世界變得更加美好的方法，就是讓你的心感受到平安、美好、喜悅、祥和。你的心沒有了恐懼、沒有了愧疚，如同底部平坦的河流，水面也自然是平坦的。如果河底是高低不平的，有懸崖的，河水自然不會平靜。你的心底是否平安，是否平靜，映照出外在的世界，如同河面是否平靜，是否無礙。試圖改變河面都是徒勞無功的，想使河面變得平緩，改造的是河底而不是河面。即使你費了好大的力氣把河面弄平了，它很快又會恢復原樣，因為河底沒有改變。

你們的心底像彎彎曲曲的、凸凹不平的、時而溝深壑寬、時而懸崖的河流，所以你們的情緒也是跌宕起伏的，所以你們世界也是充滿了各種矛盾和衝突的——因為這個世界無非就是你心靈的影子。**讓你的心平安吧！你無需去改變世界**。只有你的心底變得平安了，如同河底平了，外面的世界自然就會風平浪靜，一片安寧祥和。

9

如何處理情緒

情緒，是身體系統裡指示你們處在平安或恐懼的指示牌，也是你們選擇了誰來當家的指示牌。**處理情緒問題，不是情緒需要處理，而是處理誰在當家的問題**。情緒不平的時候，是小我在做你的主；情緒平安的時候，是聖靈在做你的主。誰在做主是你決定的，誰在做主的做主權在你。你是主人，請誰為你做主，完全是由你自己決定的。你是聖靈和小我之間唯一具有選擇權的人，聖靈和小我需要你的授權才能為你主事，他們依靠你的授權行事。你授權給小我的話，小我就按它那一套思維系統對事物做出反應；你授權給聖靈的話，聖靈就按祂那一套思維系統對事物做出反應。

情緒，正指示著你做出的選擇。你授權給小我當家，它就以分裂的目光看待事物，它就以恐懼的目光看待事物，它就以對立的目光看待事物，它就以罪疚的目光看待事物。在這樣的目光裡看到的事物肯定是攻擊、懲罰，甚至毀滅，情緒必然會出現不安、恐懼、焦慮等失衡的表現。

聖靈被你授權的話，在聖靈的目光裡，一切都是神聖完美的，一切都是充滿上主之愛的，一切都帶著上主賜給他們的愛對你發出愛的示意。沒有一物不是愛，沒有一物的真相不是愛，一切聖靈目光所及，皆閃耀著上主愛的光芒。一切聖靈目光所及，皆在上主的愛裡如上主般平安喜悅、幸福自由。在聖靈的目光裡，形體並不是真實的存在，從每個形體處，聖靈都看到上主的聖光，沒有形體存在，一切形體的背後是如同螢幕般的一體心靈。形體不過如同螢幕上的影象而已，看似各色分離的螢幕上的影象下面，實際上始終都是不被螢幕上的影象所改變的一個整體的螢幕。聖靈眼裡看到的都是這樣的「景致」。在聖靈做主的時候，情緒自然平安喜樂、滿足安寧。

處理情緒問題是處理你選擇誰的問題，誰當家就會出現相應的情緒指示。你想選擇誰當家？聖靈還是小我，選擇權在你。

10

上主之外其他的神

在你們經歷的生活中，宗教是很多人信仰的。各種宗教都有自己崇拜的神，那麼，他們是值得信賴的嗎？清楚真相的人，怎麼會信賴上主之外的神呢？上主，代表完美一體的生命，是完美一體的生命在人類的辭彙裡的稱呼。如果只有完美一體的生命是真，其他不屬於完美一體生命的會是真的嗎？上主與祂創造的完美一體的生命，是唯一實存的生命，非與祂同一個特質屬性的都不為真。神聖的完美一體的生命，無任何可取代之物。祂不可能不完美，還需要填補些什麼？還需要在祂之外再搞點什麼別的花樣出來？不完美之物才需要被崇拜、被組織供奉。

你之外的神，如果你認定祂們是你之外的神，根據心靈投射的原理，你之外的神，祂在哪裡呢？外面真的有一個你心內沒有之物在那裡嗎？你心中沒有的，外面的世界怎麼會有呢？

神是你，你是神，你崇拜的外面的神反映了你的內在，你信奉什麼樣的神，你內在就有什麼樣的神。宗教當中所有你信奉的神，莫不出於你之內，你造出了祂們。

上主不待你造，上主創造了你，你造出了你信奉的其他神。除非你一心一意地侍奉上主，否則你就會侍奉你造出的神。**神需要你崇拜祂的話，那只不過反應了你希望被崇拜罷了，你實際上欲奪取上主之位，打造自己成為一個獨一無二的權威**。人心裡都希望自己是獨一無二的權威，因此打造出許多只承認自己權威的神。

在你的生活裡，不管是某個你崇拜的人，還是宗教裡你崇拜的某個神，亦或你愛不釋手的珠寶、美色、好玩的、好吃的等等令你欲罷不能的事物，都是你打造出來的神。你從這些人、物身上獲取你認為的幸福感、滿足感，你透過你打造出來的這些神們，來證明你的特殊、存在感。

神，是你心中渴望的事物的代名辭。你渴望神來圓滿你，你忘記了你本來就是圓滿完美的。你只屬於上主，但你遺忘了你的真實，所以打造出一個你心目中的神來暫且慰籍你匱乏的心靈。你打造出的神們，只能讓你短暫又短暫地滿足一下，然後重新又回到失落中，因為你從虛假的神那裡只能得到虛假。在上主的創造之外去尋找，你註定一無所獲。神只有一個──上主和祂的聖子共同創造的一體完美的生命，除此之外，別無他神。

11

投射美夢的話題

親愛的弟兄，你們已經懂得了，**一切外在看似存在的事物，不過是心靈信念的投射罷了**。心靈如同電影的底片，投射在螢幕上的畫面取決於早就拍好的底片上的內容，在底片的內容沒有更改之前，螢幕上的畫面是永遠不會改變的。悲劇不會變成喜劇，戰爭片不會變成溫馨浪漫的愛情劇，只有改變底片上的內容，看到的螢幕上的劇情才會改變。因此，心靈底片決定著人生夢境，改變人生夢境就要改變心靈底片的內容。

人類意識就是心靈底片，**不改變人類意識，劇情就不可能改變它的內容**。分裂意識主導的心靈所投射出的夢境，總是上演著衝突、戰爭、悲苦等等劇情；以聖靈為主導的一體信念意識所投射出來的夢境，是友誼、和平、幸福等劇情，也就是相當於一個美夢。

在地球上，集體意識被小我分裂意識主導，因此衝突、戰爭、悲苦的故事情節不斷地上演——個人、集體、國家、整個星球都是這樣的劇情。在夢中被列為進化次元很高的星球，那裡的生命相對來說是聖靈信念占主要的部分，因此投射出來的劇情以和平、幸福、美好為主要劇情，衝突很少，這就是你們很多人夢想的次元，然而這依舊是個夢，只是相對來說對立、衝突、分離減弱了很多很多罷了。

地球上心靈更少衝突的弟兄，寬恕了很多罪疚的弟兄，他體驗到的也類似於進化很高的次元，衝突、對立很少很少，多數時候他體驗到的是和諧、幸福、愛。這與地球集體意識投射的夢境無關，他不會因為其他人內心嚴重的衝突、對立投射出來的地球生存環境而改變他內心的平安，衝突對立並沒有因為外境如此而被他體驗到，因為他內心裡已經化解了很多很多的衝突對立，他也就感受不到明顯的衝突對立了。他雖然也在這個夢裡，但他感受到的夢境是祥和的，他的感受是平安喜悅的，他的夢其實已經分離於集體意識營造的衝突對立之夢了。他的心靈投射出來的不再是噩夢，而是相對來說的美夢。

不是說世界沒有明顯的對立衝突了，他才感受到相對來說的美夢，而是他感受到的是相對來說喜悅幸福的美夢。對別人來說會造成強烈憤怒的事情，對他來說沒什麼影響，他依舊是平安的；同樣一件事，對別人來說是噩夢，對他來說依然在平安裡，依然是祥和的夢境。準確地說，美夢、噩夢都在於自己的感受，感受祥和、美好，做的就是美夢；感受痛苦不安，做的就是噩夢。

在憶起自己真實的旅途上，沿途的風景會因為你不斷寬恕而朝美好的方向改變，這是肯定的大趨勢。然而，需要注意的是，**不是美景讓你的心靈變得平安喜悅，而是心靈變得平安喜悅，投射出來的風景讓你覺得美好。**

美好不美好完全是一種主觀感覺，你不覺得有什麼不好的事情在別人眼裡就是不幸的事情；在別人眼裡不幸的事情，對你而言根本就沒有什麼不幸可言。當然，集體意識起著環境改變的總體作用，世界會因集體意識朝向寬恕包容的方向轉變而變得和諧，衝突減少，這是總的趨勢。就個體而言，可以完全不被集體意識投射出來的大環境所影響，獨自做出自己的美夢，也就是平安、喜悅、美好感受的夢。

12

生活不需要技巧，需要的是寬恕

今天談的話題可能對很多人來說很難認同。你們被教導了很多為人處事之道，這樣的技巧、那樣的方法層出不窮，還在不斷改進中。然而，再詳細成熟的方法技巧，對人際關係的改善都沒什麼實質性的幫助——技巧方法不是解決人際關係的根本途徑。改善人際關係，協調好與自己生活必不可少的人際關係，不取決於為人處世的技巧方法，而是取決於「真寬恕」。

在前面我們講過，世界不過是心靈投射出的一個影像而已，**出現在你生活中的，尤其是與你關係密切的人，都是你內心放不下的重點投射**。在複雜的人際關係裡，影響你生活的關鍵人物，都是你重點投射出來的，他們反映了你心靈深處的印記，或是在你認知裡屬於「好」的印記，或在你認知裡屬於「不好」的印記。這些印記，都是你在這一世重點選擇的業識（注：輪迴中因果律的果）部分，需要你透過與他們的互動來寬恕掉他們（指業識）。

當然，如果你不能善用這些互動寬恕你內心的罪疚的話，這些業識不會發生改變，會繼續帶到其他的轉世中。因此，**在你生命中出現的人都是來幫助你寬恕自己的，尤其是那些與你關係密切的人**。你關係密切的人中，讓你傷痛的人更是重點寬恕的對象，藉由此你除去了自己的罪，釋放了自己。難以處理的人際關係正是你寬恕自己的大好機緣，處理起來特別困難的人際關係，如果不去應用真寬恕的話，很難得到根本性的改變。技巧方法在這裡是用不上的，即使看似某些技巧方法起了作用，也是你內心開始化解罪疚所起的作用。

因此，**把時間用在操練真寬恕上吧！**沒有什麼比真寬恕能讓你擁有你想要的人際關係更有效的方法了。

13

失去了對自己真實記憶的你

失去了關於自己真實記憶的你，只能在你營造的這個苦不堪言的幻夢中掙扎、不安、焦慮，**愛成了你們時常掛在嘴上但卻根本不知道其真意的虛存字眼**，你們所謂的愛，不過常常是指：滿足了你需要獨自占有某個人和物的權利而已。

生活中縈繞著恐懼不安，時刻讓你們浮上來的愧疚所占據，生活裡不安的事情充斥著你的意識，在夢裡也是如此。每時每刻，你都被不安的事情占據著你的意識。

在這樣的生活狀態裡，你活的就是一個監獄裡的罪人似的生活，不知道何時會被提審，時刻擔心著被提審的那一刻的來臨，心裡每時每刻都擔心著。又如同一個被追殺的犯人，一刻都不能安寧下來，生命如此地陷入囚犯、通緝犯的地獄般的困境中。

你或許會說，我還是有開心的時候。是的，我不能否認，即便是通緝犯也有稍事休息、開心的時候，但即使在你貌似開心時，也有一種隱隱的或許你覺察不到的不安，正如通緝犯即使在稍事休息的一刻也是惴惴不安的。

你自己給自己打造的這個夢幻劇場是如此逼真，你又記不得自己的真實，只能把這裡當成唯一的家。即使這個家破敗不堪，時常烽煙四起，但你已淪落成逃犯，也不奢望有什麼好待遇，你甘願受懲罰。因為你潛意識的深處記得你好似有個十分輝煌壯麗、無法形容的家，但你把它破壞掉了，你無臉再回去，無臉再見曾給過你如此輝煌壯麗的家的天父。你害怕祂的懲罰，你自己懲罰了自己，認定自己不配再擁有天父的愛，認定自己不會被那輝煌壯麗的家接納，瘋狂逃離你自以為惹出亂子的地方，此即你的流浪之旅。

你一直被恐懼淹沒，從來不敢停下流浪的腳步想一想、看一看，到底自己是不是真的把輝煌壯麗的家燒了、破壞掉了，你極度恐懼的心理讓你不敢停下腳步，怕萬一跑得慢了就有可能被追上。你不停地跑呀跑，從來都不曾停下來想一想，確定一下是否你真的把輝煌壯麗的家燒了、破壞掉了。

為了躲避自己的罪行，你改頭換面，把自己偽裝成一個面目全非、幾乎沒有一點你原來痕跡的你，你恨不得原來的自己根本不存在過，這樣那個貌似破壞天國的罪名就不會落到你頭上。為了洗清你的罪名，你使出了否定你本來面目的絕招，再也不願記起，因為那會使你再度想起你以為自己犯的罪。你以為遺忘了自己就會將你以為自己犯下的罪一併埋葬，你一直這樣欺騙自己，將自己打入了始終逃脫不了陰影的世間地獄。

神聖的上主之子，醒來吧！過著苦不堪言生活的不是真正的你，你不在你營造的地獄之夢中，你只是沉睡不醒，以為你的夢境才是你的真實，但它不是真的，真實的你始終與上主一起，始終住那輝煌壯麗的天國家裡。

憶起你的真實吧，你並沒有毀壞天國，你並沒有背叛上主，你只是做了一個貌似背叛上主的噩夢而已。

14

「性」不是最美妙的體驗

親愛的弟兄、朋友，你們好！

在人類最美妙的體驗裡應該算是性了。性高潮的那一刻體驗到的，只是天國「遺漏」到夢境中的一體之境的一點點小小的感受而已。「遺漏」並不是說天國有一點點到了夢境，實際是指夢境裡你對天國僅存的一點點小之又小的記憶而已。身體的結合使你們聯想到記憶中的一體體驗，身體被你們當成自己，身體的結合在你們心裡認定為心靈的結合，深藏在你們心靈深處的那個曾經是的一體的生命被你們的記憶閃了一下，性高朝體驗的深層心理即是如此。

在一體之境裡，神聖完美的一體生命高潮是你們無法想像到的，你們有些人有幸一瞥超過人類性高潮幾百萬倍的體驗，正是對一體完美生命的語言描述。身體層面足以使你們嚮往的性高潮體驗，僅僅是那一體生命之舞的最多幾百萬分之一，可是你們居然認為那就是你們能得到的最美妙的體驗了。你們真的以為自己是幸福的時候，那其實對於天國而言只是個拙劣得不能再拙劣的、勉強算是的仿製品而已。你們沉迷在這個拙劣得不能再拙劣的、勉強可稱之為的仿製品裡，豈不知，你們如同乞丐得到一點點的殘汁剩羹就覺得滿足不已。你們在世間想要的一切，不過勉強算是一些垃圾廢物中看似有價值的東西而已，可是你們為這些垃圾廢物耗盡了你們的生命，使你們過著如你們眼中乞丐般的人生，你們的夢中生活就是如此，一如你們眼中的乞丐般無奈。

神聖的上主之子們，你們本是上主創造的神聖完美、圓滿無缺、豐盛富足、永恆無限的真實生命，宇宙中無任何一物能配得上你們，正如你們以為最美妙的性高潮都不如你們真實美妙的百萬分之一。

請認真考慮你真正想要的是什麼吧！真寶不在這個世界，真正的真寶是天國，你的真實是天國。你要把你的信心置於真實還是虛幻，你神志清明的時候，請做個選擇吧，那才是你真正想要的。從你真實的意願出發做個選擇吧，從你神志清明的真實意願出發做個選擇吧！

在記錄這個信息之前，這個管道（安安）做了一個真祈禱冥想。在冥想的過程中她進入一個與真實生命輕微接觸的體驗，也就是心靈深層意識處於一個對真實較清晰的記憶狀態，進入一個超越性高潮的美妙體驗中。在那樣美妙的體驗中，她發自內心的對上主說：「親愛的上主，祢是我唯一真正的愛，我愛的只是祢，我把我的一切都奉獻給祢，讓我完全消融在祢的生命裡。」是的，這是她內心真實的選擇，在她的體驗裡，體驗到無一世間之物能帶給她的滿足、妙不可言的感受，這更堅定了她真實地選擇，她已經深信上主才是她唯一真愛的，上主才是唯一能滿足她的真實不虛。她經由這樣的體驗對世間更少在意、對天國更有信心。

當然，經由不斷地寬恕，她才更容易進入這樣的體驗，練習真寬恕使她與天國的「距離」更短，更容易感受到天國的「氣息」。**每個人都可以經由不斷地實踐真寬恕接近天國，憶起你的真實**。世間再美妙的體驗，對於真實的生命而言，頂多不過算是拙劣又拙劣的、勉強可稱之為仿製品的東西而已，你甘願拿這個仿冒品換你的真實嗎？

15

正念之心為何能療癒身體疾病

在《奇蹟課程》裡說過，心靈信念的改變才是療癒真正的發生。也就是說，任何在有形層面表現出來的療癒效果，也都是心靈信念發生改變的結果，真實的療癒是療癒心靈——

心靈的妄念轉變為正念，是謂療癒。

在你們所關注的層面，不會去關注心靈的改變，而是停留在對有形層面改變的關注上，比如身體某個部位發生器質性的病變，你們希望它趕緊變得正常。是的，你們關注的是這個層面，但是器質性的病變只是你心靈罪疚意識的象徵而已，生病不是發生在有形的層面，是心靈生病了才會發生在有形層面的生病。基於這個原理，改變心靈，身體層面的病症才能被治癒。

改變心靈也就是將你認為自己有罪的信念、認為該受到懲罰的信念，轉變為清白無罪、始終圓滿完美的信念。這也就是《奇蹟課程》所說的，你認為自己和上主分裂了，背叛了上主犯了不能被原諒的罪過，自該受到懲罰，這些反映在你身體層面，就是用疾病來懲罰自己（除了個別超越了罪疚之心，為了教學的緣故要做示範的人以外），這就是你生病的根本原因。

改變這個瘋狂的念頭，用聖靈的正念替換這個瘋狂的念頭。這個正念即是：你和上主從未分離過，你不曾背叛過上主，你始終和上主是一體不分的，你始終愛著上主，上主始終愛著你，你一如上主當初創造的你一樣，始終都是神聖完美、圓滿無缺、純潔光明的，始終和上主是同一個天心、同一個生命，因此你無需懲罰自己。你通過轉變心靈的信念，治癒了的心靈自然會投射出健康的身體，這是因和果的關係的自然體現。心靈為因，身體是果，身體反映著心靈，心靈決定著身體。

正念的信念意識發出和諧有序的高頻波動，這個波動不斷改變著你們所說的粒子的結構，使這些粒子從你們物理學所劃分的最微小的結構開始逐級往宏觀的層面改變，比方說，原子的改變、分子的改變；細胞成分的改變、細胞結構的改變，以至到你們所看到的層面，有病的部位恢復健康。

這個正念之波象徵著愛的能量、象徵著愛，它的源頭來自上主之愛，是上主之愛在夢境中的象徵。愛的和諧有序的波動使物質微粒和諧有序的重構，按照上面所說的物質層級，反映在你們肉眼所見的層面就是健康，就是組織器官的結構功能恢復有序化、正常化。

這就是正念之信念療癒身體疾病的大致過程。**愛才是療癒的唯一根源，這裡所說的愛是指上主之愛，聖靈的正念不過反映了上主的愛。**

16

真寬恕

真寬恕的具體操作，當然，你若深悟這個正知正見，也沒必要非得按部就班的一步一步地按照這個過程，但是作為一個初學者，還是建議你們按部就班地按照這個真寬恕的流程，這樣更有利於你們快速的、全面的了悟這個正知正見。好，下文我就舉一個例子來說明，怎麼樣操練這個真寬恕。

有一個人誹謗你，誣陷你，謾罵你，那麼你怎麼做呢？

首先，讓自己趕快靜一靜，靜一靜，提醒自己靜一靜。這個靜，就是讓自己不再被慣性的思維、慣性的反應帶著跑。如果你沒有熟練這個練習的話，你就需要有意識的提醒自己靜一靜。如果你很熟練了，這個過程可能對你來說就不怎麼需要，因為你馬上就看得出，這個罵你的人並不是真的在那。不過，我們現在是針對初學者來說，因為你還不夠熟練，你就要記住提醒自己：「哦，靜一靜，靜一靜。」這個靜一靜就是讓你停止習慣的、無意識的、下意識地去回應他、反駁他。

「好，冷靜一點了。那麼，現在我應該怎麼樣看待這個事情？這時候我就想起《奇蹟課程》的教導：這個相並不真的存在，並不是真的有那麼一個人、這個相在那裡罵我。」如果你真的相信這個相不存在的話，你的心可能就會感覺到好多了、平安多了，但初學者往往是做不到的，沒關係，你就堅持練習下文這樣的一個流程，不斷地加強正知正見，就能夠由難做到成為容易做到，最後是很容易做到和到馬上做到。

我接著說這樣的一個思維過程。

「好，我看到的這個相不是真的，並沒有一個真的人相在那裡罵我，但是我確實看到有那麼一個相。那麼，這個相是怎麼來的？哦，《奇蹟課程》說了，所有的相都是心靈投射出來的，那麼這個相也是我的心靈投射出來的。我是這個相的因，相是我心靈的果，我的心靈是這個相的因，這個相是我心靈投射出來的結果。

「好，緊接著，我的心靈為什麼會投射出這樣的一個相？哦，《奇蹟課程》告訴我了，外面的相就是我心靈的具象化，就是我心靈播放的電影，我心裡的認知就相當於那個播放電影的底片。我看到相，就好比我在螢幕上看到的那個畫面，我之所以看到有一個人在那裡罵我，是因為我在心裡罵自己，我在心裡誣陷自己、攻擊自己、不滿意自己，我在心裡認為自己就是該罵，就是不好。

「那麼，我為什麼會在心裡這麼認為呢？《奇蹟課程》告訴我了：哦，原來我以為我背叛了上主，我不再和上主在一起了，我失去了我原本的那個圓滿、完美，我不再圓滿，不再完美，並且，上主對我那麼好，把一切的圓滿都給了我，我背叛了他，我心裡有罪疚感。所以，我就會否定自己、攻擊自己。

「那麼，我有沒有真的背叛上主呢？《奇蹟課程》告訴我了：其實，我並沒有真的背叛上主，我始終都和上主在一起，我始終都是圓滿完美的，我們始終都是當初上主創造的那個我。我認為的這個跟上主分離、背叛上主的事情，《奇蹟課程》說了，它並不是真的，它只是我做出的一個夢。

「那麼，真相是我根本就沒有背叛上主，分裂從未發生——天人分裂從未發生。既然天人分裂從未發生，那麼我就仍然是圓滿的、仍然是完美的，我始終都擁有上主的愛。既然這個分裂的因並不是真的，那麼，我投射出的這個分裂相也不是真的。那麼，我就寬恕外面的人，我就寬恕這個弟兄、或這個人並沒有做的事情。當然，我也寬恕投射出這個相的自己。因為，分裂一念不是真的，投射出這個分裂相的分裂一念也不是真的，我也並沒有和上主分裂，我理當寬恕我並沒有做過的事情，那麼，我也理當寬恕外面的弟兄沒有做過的事情。也就是說，我能夠寬恕是因為兄弟並沒有真的在那攻擊我，兄弟並沒有真的有罪。

「我寬恕我，是因為其實我並沒有真的背叛上主，我沒有做過背叛上主的事情，所以我能寬恕，這是真寬恕。真寬恕就是因為兄弟、因為我並沒有做過什麼，所以我能夠寬恕，它和我們平時所說的原諒，根本就不是一回事情。我們平時所說的原諒是，首先認定他確實做了那個事情，但是我高風亮節、我大度、我大人不計小人過、我不和他一般見識，我原諒他。這個原諒是建立在把事情當真的基礎上，而真寬恕是不把事情當真，因為這個事情根本就沒有發生，兄弟無罪，我也沒有背叛上主，我也無罪。所以，我才能寬恕，這叫真寬恕。」

在這裡要注意，**我們平時所說的原諒和《奇蹟課程》給出的這個真寬**

恕法門，從本質上是不同的。「一個是在當真的基礎上不計較；一個是根本就不把這些當真，不承認、不相信弟兄有罪，也不相信自己背叛上主，所以我會寬恕，所以我不再怪罪兄弟，不再去攻擊兄弟，不再抱怨兄弟，不再恨兄弟。」

如此一來，當你真的不再給這個弟兄定罪的時候，不再恨他、不再抱怨他的時候，你就不再相信你真的背叛了上主，也就不再相信自己有罪了。因為，前面我們說了，你和弟兄是同一個心靈，你如何看待弟兄，你就如何看待自己。當你不認為弟兄有罪的時候，你也就不再認為自己有罪；當你不再給弟兄定罪的時候，你就不再給自己定罪。所以，當你寬恕了弟兄，你才會感到平安，感到舒服，因為你不再給自己定罪了。

好，這個寬恕接著再往下進行，從一體生命的角度去看待弟兄，你透過剛才的思維，修正妄見，用聖靈的正知正見修正妄見，你不再用原先的小我思維去看待這個事情，你是用《奇蹟課程》給出的正知正見看待這個事情。那麼，你就是在和聖靈一起想，你就是在學習聖靈的正知正見，你就是在培養聖靈的正知正見，你就是在選擇相信聖靈，你就是在培養對聖靈的信任，你就是在培養對天國的信任，你就是在憶起天國的過程當中。

接下來，還有更進一步的：當我們說那個人不存在的時候，其實要特別注意，**「那個人不存在」是指這個人的相不存在，這個相都是心靈的投射，這並不是指這個相背後的真實是不存在的**。說這個弟兄的相不存在，並不是指弟兄不存在，弟兄跟你一樣是聖子。注意，你怎麼樣想弟兄，你就會怎麼想自己。

如果說，你認為弟兄不存在的話，那麼，你也就會認為自己不存在，但其實我們說的不存在，是這個相不存在。正如，你不是這個身體，弟兄也不是這個身體，但是弟兄是存在的，你的真實是有的。你和弟兄是什麼關係？你和弟兄是同一個心靈。再往究竟裡說，你和弟兄是同一個聖子，你和弟兄和上主都是同一個生命。

所以，在真寬恕的下一步：要同聖靈一同去看——《奇蹟課程》裡稱之為慧見。也就是說，當你做了前面的思維，你已跟著聖靈一起想了。然後呢？你要在這個想的基礎上和聖靈一起看，你如何想，就會如何看。

那麼，你怎麼樣去看這個弟兄呢？

首先，你不把這個人、這個形體當真，然後你要透過他的這個形體、透過這個相去看他，看出他就是上主之子，看出他純潔無罪，他是上主的一部分，而這個部分其實也是全部——因為在真相裡根本就沒有所謂的時空概念，部分和整體只是在頭腦認知裡的一個描述。說你和上主一般無二，是說你和上主的特質一般無二，所以上主所有的特質你也完全具有，你和上主無二無別。所以，說每個弟兄都是聖子，但是聖子其實就是一個，聖子是上主的一部分，也是全部，因為他根本都和上主一般無二，一體不分，所以是部分，也是全部。

那麼，最後就是在你的眼裡，用你內在的一個慧眼能夠看出（當然首先，你是在思維裡有這樣的一個認知）：我看到的這個弟兄，他不是這個身體，他的真相就是上主，就是天國，就是全部，就是全然的圓滿和完美。當你用這樣的思維和慧眼去想、去看他的時候，你就是在這樣地看自己，你就會認出自己的真相，或者說你是在練習認出自己的真相——你自己就是天國，就是上主，就是全然的純潔圓滿，就是無限永恆。

這是真寬恕的流程，下文我們簡單地總結一下。

首先，第一步提醒自己，如果有一個人在那罵你、誹謗你，提醒自己靜下來，靜下來。然後呢？

第二步，和聖靈一起去想，按照正知正見去想：

「哦，這並不是真的，這只是我投射出來的一個相。

「那麼，我為什麼會投射出這樣一個相，投射出有人罵我的一個相？因為我在心靈裡認定自己不夠好，我在心裡攻擊自己，誹謗自己。

「我為什麼攻擊自己、誹謗自己、否定自己？因為我認為我和上主分開了，我背叛了上主，我不再圓滿，不再完美。

「那麼，我到底有沒有背叛上主呢？聖靈告訴我了，正知正見告訴我了：沒有，這不是真的。

「那麼，真實的是什麼呀？真實是我始終和上主在一起，我從來沒有背叛上主。好，那既然投射出的這個相並不是真的，我也沒有真的背叛上主，天人分裂也不曾發生，我自當寬恕這個弟兄並不曾做過的事情，我也寬恕這個投射出這個形象的我。」

當你寬恕了外面的那位，實際上你也就寬恕了自己，也就是你不再把這分裂一念當真，不再把背叛上主當真，這就是在化解分裂一念。

第三步，更進一步，也可以說是進階的真寬恕，就是和聖靈一起看。

看出弟兄不是這個人，也不是這個相，而是圓滿完美的和上主一體的生命，就是上主。你可以說他是上主的一部分，但是這個部分就是全部，弟兄就是天國，天國就是上主，就是那個唯一實存的圓滿完美、純潔光明、永恆自由的，唯一真實的生命。當你這樣看待弟兄的時候，你就是在這樣看待自己。因此，透過看出弟兄的真相，你憶起了自己的真相。這就是真寬恕這個法門為什麼能夠帶你破除幻想並憶起真相的道理。

當然了，如果你熟練了，你可以三步併作兩步。

比如說你提醒自己安靜下來，靜一靜，這個可能就不用了，因為很熟練了。比如說，你可能達到這樣的程度：「哦，外面我看見貌似有一個人在那裡罵我，或者是對我不滿意、指責我。」而你馬上就想到：「哦，我心裡的罪疚感又被活化了。」也就是說，你馬上從外面的這個相，看到了自己的內心裡還在給自己定罪，你還在相信分裂，而你馬上就告訴自己，「天人分裂從來就沒有發生，我始終純潔無罪。」當然這時候，你自然也就能寬恕外面的那個弟兄，心裡明白他其實什麼都沒做，你寬恕他就是寬恕自己，他不過是來提醒你，你還在給自己定罪，你還在相信分裂真的發生了，當然這個信念是錯誤的，這是小我教你的。然後，你可以馬上用聖靈教你的取代小我教你的。接下來，你就可以執行第三步，看出這個弟兄根本就不是這個身體，你要透過他的身體看到他的真相，他是那無量的光明、全然的圓滿、全然的完美。當然，這個無量的光明，也並不是天國的真實，他是在幻相裡面最接近真實的一個象徵。當你能夠從心裡去認知到這個兄弟，你想像他是無量光明的時候，那麼你肯定也就不會再抱怨他、給他定罪了。

當然還有更進階的寬恕，以上這些都不用，當看到貌似有一個弟兄在那罵你、誹謗你的時候，你當即的反應就是一笑置之，我是說你真的能夠做到一笑置之。那麼實際上，你這個一笑置之是建立在前面那個不斷地練習上的，不斷地練習就是你能夠做到真的不把這個相當真，並且你心裡已經非常篤定地明白「你是誰」，你知道你是百害不侵的，也就是《奇蹟課程》開篇所說的：「凡是真實的，必不受威脅；凡是不真實的，根本不存在。」儘管說好像有一個人在那罵你，但你並沒有受到任何的威脅，因為你完全在心裡不把他當真了，你在心裡完全清楚自己是誰、他是誰。這時候，你就不需要任何防衛了，你只會活在一種全然的安寧裡，活在一種全然的對自己真相的篤定裡。最後，凡是真實的不受任何威脅，連威脅這個概念都會在你的頭腦裡逐漸地淡化、消失。

當你能對所有的人和所有的事物達到這樣的領悟和境界時，你就能全然地活在喜悅和感恩當中，因為你真的不再認同所有的相了，你真的能夠透過這個相，看到這個相背後的真實了。此時此刻，只有天國，只有永恆，只有上主，只有全然的純潔無罪、圓滿完美。面對這樣的唯一真實，你的內心只有感恩，只有喜悅，這就是你操練真寬恕到了一個很進階的階段。你會經常體驗到的，世間沒有一物能夠影響到你的平安，世間沒有一物能影響到你的喜悅，世間沒有一物能夠影響到你的感恩。那時候，你不管面對什麼，你只有這樣的感受，那就是平安和全然的愛。

下篇

奇蹟問答錄

（四十九例）

問答集

Q.1

問：請問种老師，為什麼說小我不會完勝？

答：觀念離不開源頭。這裡有兩條線路：小我這套思想體系離不開潛意識，潛意識就是小我的源頭；而聖靈思想體系離不開你之內的真理記憶，也就是你對天國的記憶。然後，這兩條線路就會在你的自我意識之內「開戰」。那麼，為什麼小我不會完勝？這是因為你的自我意識雖然會被小我侵蝕，但是自我意識絕不會被侵蝕到百分之百。《告別娑婆》曾經提到過希特勒被小我占據了百分之九十九，但是他也保有百分之一的真理記憶——這個不會全部失落的真理記憶，就是小我不會完勝的原因。

《奇蹟課程》是一部培訓你的自我意識重新按照聖靈思想體系活出來的課程。《奇蹟課程》的操練也是因為那天國的記憶才能展開的，所以，《奇蹟課程》也是一個能擴充你那天國記憶的課程。例如，當你通過操練把天國的記憶從百分之二十擴充到百分之九十的時候，你差不多就能覺醒了，覺醒不用百分之百。

Q.2

問：如何理解真實世界出現在潛意識之外，還能反過來淨化潛意識？

答：當你操練奇蹟思維的時候，你的心靈體驗就會獨立於潛意識之外，並會自成一個地盤，這個地盤就是一體性的平安的奇蹟心境，而這個心境的出現又是以真寬恕為基點的（真寬恕能消融潛意識之內的罪疚）。所以，奇蹟心境（或者說真實世界）是出現在潛意識之外，並能反過來淨化潛意識的。因此，成為奇蹟心境的操練就是你修正所有錯誤和消融目前這個夢境的必經之路。

修正錯誤並不是要你先把自我意識修掉，然後再把潛意識也修掉。修正錯誤的路線，其實是你要先跳出潛意識的操控，並成為一個獨立於潛意識之外的奇蹟心境，然後，你的心靈才能站在這個立足點之上來返身消融潛意識和潛意識之內的一切罪疚——這，才是修正心靈的路線圖！

在《奇蹟課程》中，奇蹟心境還被稱為聖靈的慧見或神聖一刻，奇蹟心境的巔峰被稱作真實世界。

Q.3

問：种老師，真寬恕改變劇本，可以理解成刪除罪疚的劇本並增加好劇本嗎？還是直接切換到別的劇本裡？

答：不增加罪惡劇本，也不增加好劇本。奇蹟思維只會讓未來的劇本不斷地變化（平安境遇的劇本不斷到來）並附帶覺醒的提前到來。

問：這個劇本已定，這個「定」是指什麼？

答：操練了奇蹟思維之後，劇本就會不斷地變化，然後這種不斷地變化最終也會形成一個劇本。換句話說，你操練奇蹟思維是一種劇本，你不練是另一種劇本，你只能選其中一種，而且即便你操練了奇蹟思維，你未來的劇本也會有第三種、第四種……因為你很精進的操練和斷斷續續的操練就會造就出兩種劇本。但是，不論你的未來有多少種劇本，你也只能經歷其中一種。而你經歷了哪一種，哪一種就是註定發生的劇本，這就叫「劇本已定」。

問：這麼說不修行的人，劇本是很確定的，是不變的對嗎？

答：是的，不修行的人，劇本是比較固定的。但是，他這輩子不修行也在他的大劇本裡，因為他早晚會修行和覺醒的。

Q.4

問：《告別娑婆》裡說，生死的日期也定了，是不是說人的壽命是一定的？白莎：「有朝一日，只要你找回自己的抉擇能力，就不再是機器人了，那才是你宣告獨立的大日子。」种老師，上面這段話怎麼理解？

答：比如說，你老公罵你，你反擊。這時候，你就是一個被潛意識的定罪模式操控著的機器人。可是，你如果操練奇蹟思維，你知道他罵你、發你牢騷，只是你潛意識之內罪疚的投射，而這個投射又只是發生在夢中，根本就不存在。那麼，這個時候你就能寬恕他，而能寬恕他罵你的事件根本就不存在了。這時候，你就找回了自己的抉擇能力，你就獨立了。關於死期，真寬恕是可以改變死期的，但是這需要你非常精進地操練奇蹟思維才能做到。人世間非常難改的事情大概就幾種：死期、你和誰是兩口子、你生幾個孩子。但是，非常精湛的操練狀態是能改變這些的，只是非常精湛地操練不容易做到而已。

問：精湛的時候，改不改都無所謂了吧？真是改了，自己知道嗎？

答：①精湛的操練確實能促成你認為「劇本改不改都無所謂了」。②在精湛操練的過程中，你可以感知到自己已經改變了非常難改變的劇本，但是常態化的情況是：你只會在精湛操練的過程中感知到一、兩次的劇本已被改變，再更後來的「劇本改變」你就感知不到了。這是因為只要你有

一、兩次的確認性感知，你就會對奇蹟思維能改變劇本的屬性產生絕對的信任。

Q.5

問：《告別娑婆》中說：「從幻相角度看，其他星球上確實有生命存在，而且也有自己的寬恕課程要修，他們也是基督自性的弟兄。」我看到這句話忍不住就想問：「動物世界也有寬恕課程要修嗎？」我也知道，提這類問題是小我思想體系在作怪，只是忍不住會有這類問題。請問像這樣的問題出現在腦海中，我該如何寬恕才見效呢？

答：你可以這麼想：你是人身，你就可以不管動物的事情。因為你如果和上主一樣是「永恆如是」的話，那麼，動物的靈性能不能進階或牠們是如何修行的，就不是你要考慮的問題了。何況，《奇蹟課程》的讀者又只有你一個人（注：《奇蹟課程》的讀者肯定是一個人，而且對於這個人來說，其他學習《奇蹟課程》的人是不存在的），所以，你只要在人際關係中操練好你要操練的課題就行了。在《奇蹟課程誕生》中有這麼一句話：「那卷軸的右邊是未來，左邊是過去，中間是上主永恆如是。」這句話的一個隱意即是：你就是那位和上主一體且永恆如是的上主之子，而你的左邊和右邊都是不存在的。所以，這個世界中的動物是如何修行的？這個夢境世界中最後一個覺醒者是誰？他是怎麼覺醒的？這個世界中的第一個覺醒者又是誰？這類問題其實都是不需要你去考慮的。因為這類問題對於你這位永恆如是的上主之子來說都是不存在的。

Q.6

問：种老師，您怎麼看待冥想？

答：你可以把冥想當做修行的一個輔助，然後做與不做你可以隨意。因為冥想屬於獨自完成的操練，它不牽扯到人際關係中的操練。冥想放在修行領域是比較慢的，《奇蹟課程》的正文也說了：「你是可以冥想的，但是你可能會花上上千年的時光才能通過冥想覺醒。」這句話的意思其實是說，冥想既不「保險」，又要比在人際關係中操練奇蹟思維慢得多。所以，建議你看看〈聖靈的作用與隱瞞〉P097，然後你再自己對比一下冥想的獨自性和奇蹟思維的實戰性。

人的一生不可能只對著一個人操練，或者人的一生不會一直是孤單一人的。例如，一個成年人一定會經歷過這樣的境遇：你和家庭之外的一個朋友做了一件事情，然後這件事情被你的家裡人知道了，知道了之後你媽媽對這件事情有一個看法，你爸爸有一個看法，你老婆罵你，你丈母娘恨你，你岳父鼓勵你。那麼，當你身處在這種複雜的環境中，你說你去冥想，這可能嗎？你老婆正在對你發飆，你爸爸正在恨著你的老婆，你媽媽也看你老婆不順眼，那你還能有冥想的心情和環境嗎？

Q.7

問：老師我想問一下關於素食、葷食的問題，大部分時候心靈不會糾結，但是有時候會糾結。比如有時候想吃肉，但是又覺得吃素好，那這個時候不吃肉的話，內心的欲求得不到滿足；吃了的話，又會有內疚等情緒，覺得自己沒控制好自己，放縱欲望了，包括可能擔心輪迴的一些東西。像這種情況，如何操練心靈才能獲得平安？

答：這個問題的答案是：在一個夢中吃什麼都無所謂，吃什麼都無罪。只不過目前地球上還沒有那種「種植肉」（注：科技很發達的外星人不殺生，肉是種植出來的）的科技水準，所以你只要按照目前地球的客觀規律來執行就可以了，也就是說，大家吃肉，你就吃肉，你隨主流就行。而且你也不用定義自己吃肉不好，因為如果你定義自己吃肉不好，那別人吃肉就不好嘍。所以你隨主流就行，也不用管別人。

地球本來就是一個挺險惡的星球，可是，險惡並不是單刃劍，因為險惡還代表了你能更容易地解脫。可是，解脫的關鍵並不在於人和動物之間的關係，而是在於人際關係，所以你只要在這個險惡之地好好地操練你的人際關係就絕對可以了。你也不用過於考慮動物的事情，畢竟光是人際關係就夠你忙活一輩子了。

再補充一點，在人際關係中你加緊操練就能覺醒。

宇宙看似很大，宇宙裡的事情又看似無限多，但是這些事情對於你的覺醒來說關係並不大，因為你的覺醒依靠的就是你這輩子遇到的那些人。雖然你的潛意識投射出了一個龐大的宇宙，但是你在千萬輩子的輪迴裡也就是和你眼前的這幾個人（最多上千個人）建立了人際關係而已。

Q.8

問：請問老師，既然宇宙是潛意識創造的，潛意識又是匱乏、恐懼的，它應該有什麼創造什麼，為何卻能造出自然的運行之道？我一直認為宇宙法則是善的，大道是善的。

答：回答這個問題首先需要描述一下天國的樣子。

①在天國裡，你這位上主之子和上主是一體的，而你也只是一個概念體而已。

②你這個概念體會永恆覺悟著你是天國的「中心點」（這就是真理祭壇的含義）。

③你之內有無限個與你一體性的上主聖子（概念體），而這無限的聖子又都是天國的「中心點」。所以你和所有聖子根本就沒有位移的可能性。

④在天國裡，你會一直覺悟著你是整個天國。

⑤你會一直覺悟著天國是永恆和無限大的。

⑥在天國裡，你會一直覺悟著天國是從你的內在無限向外在延伸的，可天國又沒有內外之分，因為天國的外在是什麼都沒有的（這個什麼都沒有還不是虛空和頑空的那種什麼都沒有）。

⑦天國裡沒有空間和時間的概念，沒有三百六十度的空間屬性。

所以，在你誤認為自己離開天國並投射出夢境宇宙的時候，你就要投射出一個和天國的樣子澈底相反的世界才行，因為只有這樣你才能澈底遺忘天國，並擺脫被上主追殺的恐懼。於是，你的潛意識就投射出了位移和三百六十度的空間，投射出了個體性和時間等等，因為這些屬性正好與天國相反。

在天國的屬性裡還有一個重要屬性：永恆。所以，你在投射宇宙的時候就投射出了一個與永恆相反的成住壞空，而成住壞空又催生出了所有自然規律，所以，自然規律並不是善的。

那麼，為什麼潛意識會這麼厲害呢？

這其實是因為——你本身就是極其神聖的，你本身就是具有創造大能的（在天國當中，你和上主攜手創造出了無限數量的一體性的靈性的能力）。所以，在你誤認為自己離開天國之後，你就把自己的創造大能改變成投射的能力，並且在夢境當中投射出了一個與天國完全相反的幻境。

當然，你現在可能還不認為你自己有這麼大的本事，但是你早晚會從夢中覺醒過來。而當你覺醒的時候，你自然就會明白：投射出一個宇宙對於你的真相來說是小事一樁。

Q.9

問：請問老師，道家所講的大道、永恆的道和宇宙規律，指的是不是一個東西呢？

答：道家中有一種說法叫做「一陽萬陰」，說只有一個陽是真的，而圍繞著這個陽的萬陰都是不存在的。這個說法就是道家的一位覺醒者留下來的，他講的是真理。

至於你問的這個大道，從目前這個時代來看，基本上說的都是那個如如不動的意識，就是當意識還沒有成為潛意識之前的那個非常純淨的狀態（必讀信息第一章裡的水滴剛走神之後產生了純淨的意識 P016），這個意識也是《楞嚴經》裡講的妙明真心，這個妙明真心被恐懼牽制了之後就成為了妄念之心（潛意識），然後妄念之心投射了世界。所以，從我個人角度上看，目前這個時代，道家講的大道基本上都是在說那個純淨的意識。

Q.10

問：老師，是不是世間上一切體系、一切法門、一切形象都是用上主的大能創造的？

答：不是。上主創造的大能根本不會呈現在這個夢境世界中。

Q.11

問：所謂的道、空、涅槃寂靜、無極等，是不是小水滴走神後分裂出的第一個意識狀態？

答：涅槃寂靜是說上主天國的，是描述天國的辭彙。無極也是。可是，天國裡沒有什麼道和空，道和空都屬於幻相層次。形容天國的用辭是很講究的，例如，你可以說奇蹟心境和真實世界是寧靜的，這個是可以的，但是天國就不可以用寧靜來形容。因為天國是徹底寂靜的。寧靜和寂靜是不一樣的。

問：那在這樣的天國待著有什麼意思啊？

答：天國中的美好感受比你能在人世間所獲得的所有美好感受的集合還要好上一萬倍都不止。但是，你已經忘記了這些。而且人世間有這麼一句話：「只有享不了的福，沒有受不了的罪。」所以，這個問題的答案是，修行的目的之一就是能讓你的心靈不斷地貼近那種無限福祉的狀態，而當你的心靈狀態能承受得住天國的境界的時候，上主才會把你的心靈拉入祂的天心之中（覺醒）。

反之，如果你的心靈狀態還不能承受天國境界的時候，上主是不會拉你的，因為如果提前拉你的話，你會被天國的極樂境界嚇壞的。所以說，上主既不會作弊，也不會害你。

問：那是不是以上主的角度看，輪迴多少世覺醒都是一樣的，反正都是幻相？那是不是度不度人也沒有多大意義？

答：是的，上主是這麼看的，當然，上主也派遣了絕對能夠喚醒你的聖靈。度人不度人的答案是：你以身作則地操練奇蹟思維的時候，就是你在度人的時候。所以我們可以這麼說，操練奇蹟思維的你，就算想不度人，都是不可能的事情。

Q.12

問：老師，是不是在自己沒有活出奇蹟之前，那些所謂的發大願只是一種心理安慰？因為天天發願，可是該有煩惱還是有煩惱；很真心的幫別人，可是人家可能也沒什麼變化。

答：發願對於你自己的學習有用，初期對別人的影響不大，因為在初期，以身作則地操練奇蹟思維才是普度眾生的行為。

關於真心地幫助別人，別人也沒有什麼變化，這就牽扯到你的犧牲了。你可以多讀讀〈犧牲與不求回報〉P079。

Q.13

問：現在我才明白您講述「咬牙切齒才能寬恕」的含義，真是咬牙切齒啊！

答：是的，第一次操練真寬恕或前幾次操練真寬恕的時候，就是咬牙切齒的。因為你要一邊忍受著憤怒，一邊還要努力地寬恕攻擊你的人和你被攻擊的事件只是發生在了一個夢境之中，根本就不存在。

問：剛讀〈寬恕和給予〉P034 時，我突然有個想法就是，如果我殺了人，但是我絲毫不會有內疚恐懼之感，做完就完全忘記了，那是不是無論形式上我是否被繩之以法，內心層面依然可以獲得平安？主要是我曾經聽一個老師的有聲書，她是說業力這種東西，就算你心狠手辣地殺了五個人，但如果做完就忘了，不擔心別人會找你報仇，不擔心會有報應，就沒什麼事。請問种老師您怎麼看？

答：你看到〈需求與交託（下半部分）〉就明白了，那一章的最後有說明P076。因為你夢到了能囚禁身體的法律，所以你最好以法律為準。此外，你那個老師的話也很不負責任，因為如果你殺了人，你的內疚是會進入潛意識的，所以你別沒事找事。

雖然從根本角度上來說，如果你殺了人被槍斃或被判無期也都是一個夢境，但是你為何不選擇一個好一點的夢？在監獄裡你怎麼看書？

所以，建議你在學習的過程中不要太高估自己的心靈狀態，也不要認為自己思維上的捨棄和遺忘能消融掉潛意識裡的各種內疚。

Q.14

問：請教老師，在夢中，每個做夢的心是什麼關係，這場夢是共同的夢嗎？如果夢中的一個夢者醒來，他在夢中擔任的角色是什麼？所有醒著的心靈是一個心靈嗎？那心靈與心靈之間是怎樣一種關係？醒者和夢者之間是怎樣一種關係？在夢中一個夢者醒來了，這場夢還在繼續嗎？

答：你問的問題比較彆腳，但是我知道你想問什麼，我講一下：

①一個潛意識分裂成無數個自我意識，而無數個自我意識又綁定無數個身體。然後這無數的身體又綁定著不同的人生，這其中還包括你的自我意識綁定的身體和你的人生。最後，這些不同的身體和人生就彙集在一個夢境世界裡。這就是你眼前這個世界的運作屬性。

②醒來的人就是擺脫了夢境的人，醒來的人就好似成為了聖靈，他的任務就是在夢裡以身作則地活出真相。以《奇蹟課程》的角度來說，醒來的人除了以身作則地操練奇蹟思維之外，他還可以做一些經驗分享，或者是給別人一些指引。

③沒有「所有醒著的心靈」一說。你醒了，你就知道所有人是什麼；你醒了，你就知道所有人的心靈都在一個上主之內。只是在這個夢中，你醒來後很有可能會因為感恩而幫助其他人覺醒，而這種幫助是很彆腳的，因為醒來的人既知道別人是不存在的，但他還是要彆

腳地給這些不存在的人講述擺脫夢境的經驗。這也就是佛經中所說的「我滅度眾生，可是我又知道沒有眾生可滅度」的含義。

④從根本角度上說，醒者和夢者沒有區別，因為醒者和夢者都是虛幻的。真正的關係只有上主之子們和上主和聖靈的一體性關係，而這個關係也只存於天國之內。

⑤一個人從夢中覺醒了之後，他的夢還是會存在一段時間的，這就是《告別娑婆》中提到的「悟道期」。但是，當他經過悟道期並走到放下身體的那一刻，他就會直接成為天國中的靈性，而恰恰就在那個時刻，所有無限的靈性也會和他同在於天國之內了。然後，他就會知道所有的夢就都結束了（包括別人的夢境）。當然，這是對於那個醒來的人說的，比如說耶穌，對於現在正活在天國裡的耶穌來說，所有的聖子都已經同在於天國了，所有的夢境也早已過去。

那麼，這個答案就又會牽引出另一個問題：既然耶穌已經知道所有聖子都在天國裡了，所有的夢也都過去了，那麼，祂為什麼還要寫下《奇蹟課程》呢？這是因為對於耶穌和所有聖子來說，雖然這個夢境已經結束了，但是這個已經結束的夢境還分「結束的時間長」和「結束的時間短」之別。通俗地講就是，這個夢境雖然在你這位上主之子的覺悟裡只是一剎那出現又一剎那消失的，可是在這一剎那裡又充滿了或長和或短的時間。所以，耶穌為了節省這一剎那裡出現的時間，祂就寫了《奇蹟課程》這本書，並讓它進入了那一剎那，這樣夢中的時間就會被大幅度地縮短——哪怕這個夢對於所有上主之子來說是已經結束了的，但耶穌仍然這麼做了。

事實上，這樣的事情也不只是耶穌在做，因為這個事情也是你此時此刻正在做的。你這位上主之子在夢裡「操練奇蹟思維的人生」，就是你這位上主之子向過去的那個已經結束了的夢境裡回扔的一個「奇蹟人生」，而你的這個「奇蹟人生」也會縮短所有人的覺醒時間（那一剎那中的時間）。這個模式和耶穌向已經「結束了的那個夢裡」回扔了一本《奇蹟課程》是一樣的。

Q.15

問：聖靈就是我們內在的佛性，對嗎？

答：信佛的人可以這麼理解。

Q.16

問：請問第一次分裂出現的純淨意識和天國，在功德上是不是沒有差別的？天國的永恆、平安等等，這個意識也是有的，這樣理解對嗎？

答：純淨的意識也屬於幻相層次，不屬於天國。天國裡也沒有功德，所以人世間的功德也是虛幻的。天國裡的永恆和平安在人世間的反應就是奇蹟心境，而奇蹟心境這種心靈體驗和意識（潛意識）也沒有關係。

問：真寬恕＋必讀信息裡的方法，就能與上主合一？

答：真寬恕＋必讀信息裡的操練能與聖靈和奇蹟心境合一；奇蹟心境的巔峰狀態就是真實世界，然後你會在真實世界中覺醒，覺醒才算與上主合一。你可以多看看必讀信息的前四章 P014～063。

問：知道世界是夢，已經放下了很多。喜歡聽您講真相，破執著。您說什麼是真經？

答：每個人的路都是不同的。我也學過很多東西，五花八門的東西。最後才學了《奇蹟課程》，不過《奇蹟課程》是最究竟的了。

問：耶穌就是您在〈宇宙的誕生和我的真相（大眾基礎篇）〉P014當中所比喻的小水滴吧？我們應該都是小水滴吧？

答：對。耶穌也是一個小水滴。大家也都是小水滴，一樣的。

Q.17

問：我一直有個問題，就是習慣性的把未來沒發生的事情提前想了，而且很多時候是負面的設想，本來沒發生，但是想的時候已經開始害怕了。這算自我懲罰嗎？是不是時間的幻相還沒破？

答：你說的這種慣性恐懼，就是潛意識中的內疚呈現出來的一種對未來的恐懼，所以用〈需求與交託（上半部分）〉面對恐懼 P060 處理即可。「時間是幻相」的感悟，要靠常年的奇蹟操練才能獲得。

Q.18

問：上主的愛是什麼屬性？

答：在夢境世界中操練奇蹟思維就是聖靈之愛的表達，而聖靈之愛又最肖似於上主的愛。

問：人類輪迴上萬年，耶穌也曾降臨過，可是戰爭從未停止過。這是不是說明真正的平安只能在天國內，人世間縱然有真正的聖人降臨，戰爭的問題在現象層面也永遠解決不了，幻相註定是二元對立的？

答：你得救了，世界就得救了。

Q.19

問：以前對佛法「遍一切處」的講法，我的理解是佛性在萬物當中都能體現出來。現在《奇蹟課程》說的上主並不知道這個世界，「我」只是利用上主賦予我的無限大能夢出了這個世界，而世界中的萬物能否說本質都是「我」呢？

答：你早晨醒來就會去刷牙。你在刷牙的時候可以思考一下，你眼前的這個牙刷能不能被放到你昨晚的夢裡去？答案是絕對不可以。你眼前的牙刷是不可能真的放到你昨晚做的夢裡去的。上主也是如此，上主和那個牙刷一樣，祂是不會進入你目前的這個夢境的。

所以，你眼前這個世界的本質就是虛無，它也永遠不會成為真正的「你」，而真正的「你」只能是上主之子。

Q.20

問：人活著的時候，這具身體充滿活力，可是在死後，同一具身體為什麼成了屍體呢？是誰讓它呈現活的狀態，它失去了什麼成了死的？

答：在你死亡的時候（你今生沒有經歷覺醒經驗的情況下），你的潛意識會同時同步地做出以下三個操控。

第一，它會操控著你的自我意識從身體之內出來。

第二，它會投射出一個靈魂體並與你的自我意識綁定。

第三，它會操控著你的自我意識認為自己已經死了，而且已經成為一個靈魂體了。

最後，又因為你潛意識之內成住壞空的信念，你的潛意識就會設定：你「死」之後的那具身體會慢慢地腐爛和消散掉。

所以，在你死亡之後，你的身體就會慢慢地腐爛和消散。

Q.21

問：身體就像手機、電腦等終端一樣，程式就是不同終端的劇本，這都是小我的設置。而真我就是接收的信號，像永不消失的電波。信號如果把終端認為是自己就是無明，當了悟自己是信號，無處不在，永不消失，不被終端鎖定就是解脫。不知比喻的是否妥當？

答：我能理解你的話。但是，我改改這些話就更清楚了。自我意識就像手機、電腦等終端一樣，潛意識給終端設計不同的程式和劇本，這都是小我的設置。而真我也一直在發射信號給終端，像永不消失的電波。終端如果接受小我（潛意識）的程式就是無明；可終端若接受真我的電波，就會了悟自己的真相，然後終端就會瞭解到它並不是一個自我意識，而是無處不在，永不消失的真我，那時候就解脫了。

當然，如果想要度到彼岸，你還是要依靠奇蹟心境，人世間就是這麼的麻煩。

Q.22

問：能不能再說說《告別娑婆》裡「悟道期」的含義？

答：可以，用《告別娑婆》裡的白沙為例。她在覺醒之後，大概又經歷了十一年的悟道期，然後她才放下了身體（身體死亡）回歸於天國。那麼，為什麼覺醒的人會經歷悟道期呢？關鍵的原因有兩點：

第一，感恩眾兄弟。一個人覺醒的時候，他會出現這麼一種清晰的認知：如果沒有幻相世界和世界裡的眾兄弟，他是無法覺醒的。所以，這個覺醒的人就會因為這份感恩和他眼前還有很多人沒有覺醒的態勢而出現「我要幫助還沒有醒來的人覺醒」的願望。這時候，這個覺醒的人會因為這個願望而踏上分享修行經驗的路。這就是「悟道期」存在的一個原因。

第二，經歷了覺醒的人，如果讓他「立刻」回歸天國的話，他也會受到一定程度的驚嚇。因為覺醒經驗只是「第一個」上主之子的誕生記憶，也就是說，你在覺醒的時刻會覺悟到你是被上主創造出來的第一個聖子和「唯一」的一個聖子，而「此時」的天國裡暫時還沒有其他的聖子，所以覺醒只是「第一個」上主之子的誕生記憶。然後，當你經歷了這個「記憶」之後，你就會在人世間再經歷一段適應期，因為你會在這段適應期裡慢慢地感悟到：真正的天國其實是有無限數量的一體性的聖子的。

當你有了這個感悟之後再回歸天國，就不會受到「無限聖子同在於天國」這種場面的驚嚇了。正因為如此，如果你覺醒了，你也不會即刻回歸於天國。

關於第二點，你也可以參考《告別娑婆外傳》裡的一個真實案例：有一個病重之人在臨死前的一個星期覺醒了，然後他對他的老婆說：「這個世界只是一個騙局。」這個事例就說明了：不論你會經歷多長時間的悟道期，哪怕是幾天，它也還是會存在的。《告別娑婆外傳》裡的這位覺醒者，他在覺醒之後的這幾天之內必定會接受和認知到天國裡是有無限聖子存在的，然後，他才能在一個平和且正確的思維認知下回歸於真正的天國。

Q.23

問：我們通過《奇蹟課程》修的也是一個「明白」的幻相，明白地活在幻相中，若能無一絲掛染，當肉身期限到了，不需以靈魂的形式打包再轉世就是覺醒圓滿；若對幻相還有一絲遲疑，那就還需打包轉世再修？

答：不是。如果你這輩子沒有覺醒，你必定輪迴。覺醒經驗必定發生在有身體的時候，大概就二十秒左右。你可以多看幾遍《告別娑婆》，上邊寫得很清楚了。《告別娑婆外傳》也強調了，覺醒只會發生在有身體的時候，覺醒絕不會發生在死亡之後的那個靈魂世界裡。

問：覺醒的經驗會發生在有身體的時候，當肉身熄滅才徹底安住天國是吧？對死後的中陰身的引導和超度能提升幻相的境遇，但不能覺醒。以上是我目前的認識，提出探討。

答：是的。在覺醒經驗中，你的心靈首先會被上主拉入到祂的天心之中，與此同時，你的心靈就會轉化成靈性。但是，在覺醒經驗中，你的思維意識是不會消失的，因為你的思維意識會在覺醒經驗中得到很多的確認，例如你的思維會在覺醒經驗中確認到你是上主之子、這個世界不存在、輪迴也不存在等等一系列的確認。確認完畢了很多事情之後，你的靈性就會再一次轉化成心靈並回到你的身體之內，這時候，覺醒經驗就結束了。當然，覺醒經驗並不會造成你外表的任何變化，因為它只代表你的心靈已經重生。

《告別娑婆》中葛瑞的啟示經驗無法促成「確認」二字，所以每個人都要經歷覺醒的「確認那一下」。

關於中陰身的引導和超度：為死去的人超度，對那個死去的人來說是沒有用處的。這是因為他（每一個人）只能在有身體的時候修行，沒有身體的時候，就是等著投胎的狀態，而他投胎到哪裡和他下一次的人生經歷都是被他這輩子的經歷造就出來的。所以，你可以把超度當成是一種有愛心的葬禮儀式就行了。

但是，如果你對死去的人操練真寬恕和給予純潔無罪的話，是對死去的人有大用的（寬恕那個死去之人的靈魂體是不存在的，並給予他純潔無罪的概念）。因為這種操練是可以節省那個死去之人的覺醒時間的（從廣義和跨輪迴角度）。

生和死這兩個世界只是一個夢境，不是兩個夢境，所以真寬恕和給予純潔無罪是可以「穿透」生和死這兩個世界的。通俗地講：生和死這兩個世界在奇蹟思維的面前是沒有界限的。

Q.24

問：有兩個疑問想請种老師幫忙解答。①昨天一位基督教徒在路上跟我說其實是有兩個神，一個男神，一個女神。請問老師這個怎麼理解？②為什麼有的靈魂輪迴了幾千年、幾萬年，有的靈魂只輪迴幾百年，潛意識不是瞬間投射出無數個體嗎？難道還有不同時期的潛意識出現？

答：①兩個神的那個說法你不用去理會，這世界上有很多法門連真理的邊都沾不上。②最初，到底是一個潛意識一下子分裂成了很多身體，還是一個潛意識只分裂出一個身體和一個自我意識，然後再一分為二，二分為四，並直到現在已經有了無數個身體和無數個自我意識的迷思，你不用過於研究。因為這個歷史和你現在的操練是無關的。你眼前的這個世界目前就是這個樣子了，所以你就「以現在為準」地進行操練就可以了。關於最初是怎麼分裂的、形式如何、過程是什麼樣子……這些問題，既不會影響你現在的操練，又與你現在的操練沒多大關係。當然，在必讀信息裡，我的確寫出了「一個潛意識一下子就投射出了近似無限數量的身體」的話 P026，我這樣寫，其實就是為了能與這個世界目前的樣子相吻合，這樣你就能更好地按照「以現在為準」來進行操練了。

Q.25

問：活著幹嘛？就是為了滿足親人的需求嗎？

答：操練滿足別人真心求助，要達到的一個關鍵性的目：只有在你和別人互動的時候，你才能通過「看出別人是什麼」來定義自己是什麼。這個路線是你繞不開的一個修行過程，如果沒有這個修煉過程，而你只是孤伶伶地在體悟自己是什麼的話，那就可能要花上很多時光才能知道自己是誰，甚至可能根本找不到自己是誰。所以，找到自己是誰才是操練滿足別人真心求助的關鍵目的所在。

問：「活著」就是為了憶起、體驗到你原本就是「喜悅、自由、愛」？這個認定自己是「抽象」的心靈太重要了，這是我們修正的關鍵點。

答：是的，你在世的任務就是記憶起你自己的真相，不過，回憶起自己真相的步驟是：先看別人是什麼，你才能確認你自己是什麼。那麼，在什麼情況下才能看到別人是什麼呢？答案必定是在人際關係的互動中、在別人的求助中，或是在你和別人的共同選擇中。

讓我舉個小例子來說明：

我家的熱水器老舊了，我老婆天天擔心漏電，她希望我買個新的。可是，我不想買新的，因為我不願意花錢，我想省著點過日子。這時候，我就會和老婆拖延，有時候也會爭吵幾句。最後。我老婆天天和我叫嚣說害怕被電死，我一看，實在是無法拖延了，於就買了個新的。買了熱水器之後，我就想到：「得趕緊去掙幾千塊錢，來填補熱水器的虧空。」

這便是一套很普遍的小我思維和行動。在這套思維和行動裡，雖然我買了熱水器了，但是，我在這個事件中根本就沒有消融掉我之內的任何匱乏、罪疚和受害者情緒。接下來，我將以奇蹟思維和奇蹟行動來面對這個事情：

我會用虛幻的金錢來滿足我老婆虛幻的真心求助，這樣就能消融我老婆的恐懼。然後，我還會操練「就算存款少了，我也不會有任何匱乏和恐懼，因為我不與存款綁定」。最後，我還要認定我購買熱水器付出的精力和時間也都是虛幻的，所以我甘心情願地去做這個事情。

好，當我針對熱水器事件操練了以上的奇蹟思維並付出了奇蹟行動之後，熱水器一樣是買了，然而這一次，我和我老婆的匱乏、恐懼和我有可能會出現的受害者情緒也都會消失。

這就是奇蹟思維和小我思維的不同，而這個不同也不是幻相中的結果有什麼不同，而是你的心靈被導向的境界和結果是不同的。一個是被潛意識操控，繼續渾渾噩噩地活在夢裡；一個是跳出潛意識的操控，融合在奇蹟心境中。

問：一直困惑我的問題這次徹底解決了，就是我和家人都很願意幫助人，但為什麼總是因此而爭吵？我現在找到原因了。

答：嗯，小我思維幫人和奇蹟思維幫人完全是兩碼事。因為它們把你導向的目的地是不一樣的，一個導向不斷地輪迴，一個導向修行的盡頭：天國。此外，最關鍵的是，奇蹟心境還能為你不斷地帶來平安的境遇，而這些境遇還會不斷地鞏固你的道心，這就比較厲害了。

Q.26

問：光把身體看成是幻相還不夠，還得首先給予弟兄是純潔無罪的才行，是吧，老師？

答：是的。〈寬恕與給予〉P034將真寬恕和給出純潔無罪綁在一起，就是因為「你看別人是什麼，你就會成為了什麼」。所以，若只操練真寬恕，你的潛意識就會定義你和別人都是幻相，都是不存在的，這時候，你就失真了。正因為這樣，你在真寬恕的同時，必須把純潔無罪給出去，如此你才能成為純潔無罪，你也不會因而失真。那麼，誰是純潔無罪呢？那必定就是聖子了。這就是我為什麼要把真寬恕和聖靈的第一課給出純潔無罪牢牢拴在一起的原因。

問：身體是幻相，但是本體是靈性的、是真實存在的。所以，如果只看身體是幻相並否定本體的存在，那本體也被否定了，是這樣的嗎，老師？

答：是這樣的。所以，你操練的第一步是真寬恕，第二步就要緊跟著看別人是純潔無罪的，這樣你才不會否定本體。當然，這個本體（奇蹟心境）也只是肖似於天國而已，它只是渡到彼岸的船。

Q.27

問：老師，《奇蹟課程》的整體架構是什麼？

答：《奇蹟課程》的架構是：在大範圍地講述你是上主之子的基礎上，又用了很多的筆墨來講述聖靈思想體系的作用和小我的全部花招。《奇蹟課程》把奇蹟思維導向的結果和小我思維導向的結果進行了不間斷地對比性講述，而這些講述的目的就是為了能讓你自動地選擇奇蹟思維。通俗地講，即是《奇蹟課程》在告訴你，天國和你之間夾著兩個東西：一個是潛意識投射出來的世界和把世界當真的那套思維體系（小我）；另一個是奇蹟思維體系和這套思維體系能把你導向的心靈世界——奇蹟心境。你要選擇哪一個世界和哪一套思想體系，那是你的自由。

問：我在碰到具體問題的時候，有時候會忘記操練真寬恕和奇蹟思維，這個正常嗎？

答：這個是很正常的。操練奇蹟思維的常態化過程是：當你在處理各種問題的時候，你會在兩套思想體系裡反復地跳來跳去。你跳到小我思維的時候就會倒楣，倒了楣之後你就會警醒，並會回過頭來操練奇蹟思維。這種來回來去的跳躍本身就是修行的常態化過程，而且對於初學者來說，拖延操練也是很正常的，能拖延操練就已經很不錯了。

Q.28

問：《奇蹟課程》中說，「所有」與「所是」其實原是同一回事。老師，所有與所是到底是指什麼？您能深入講講嗎？

答：比如說，你對面有個人，你對他進行寬恕，那你寬恕他的時候，他的身體形象對於你來說就會成為一個幻相。那麼，當他的身體形象在你的思維認知裡成為幻相的同時，你的身體形象也會成為一個幻相——這即是「你定義你身外的參照物是什麼，你就會成為什麼」的道理。然後，當你對面這個人的形象成為虛幻之後，他的形象之內就會出現一個空缺，而此時此刻，你自身的虛幻形象之內也會同時出現一個空缺。這時候，你就可以把純潔無罪的概念給予到對面那個人的空缺之內了。當你完成以上這個步驟的時候，你就會發現，你之內的空缺也已經被你給出去的純潔無罪充滿了。

這時候，你的心靈就會體驗到純潔無罪。所以，這個純潔無罪的心靈體驗就是《奇蹟課程》中的：你給出去的「所有」就是你之「所是」的含義和指向。

Q.29

問：看了您的必讀信息，又操練了一些日子，我覺得我能讀懂《奇蹟課程》了。感恩老師！

答：不用感謝。寫必讀信息是我的一個任務，我完成了這個任務也很安心。

不過這個必讀信息確實有以下的一些作用：

①必讀信息是《奇蹟課程》所有核心理念的實戰講述。
②這些講述可以最大幅度地降低所有人學習《奇蹟課程》的難度。
③這些講述可以加速奇蹟時代的來臨。
④這些講述可以把所有人引導到正確的自修之路上。
⑤這些講述可以讓很多人縮短很多輩子覺醒於自性。
⑥這些講述可以幫助未來的所有上主之師節省很多的教學時間，以至於這些上主之師會有更多的時間來做一對一的心靈治癒工作。
⑦這些講述可以促使那些「不懂奇蹟而又天天講奇蹟的人」逐漸逐漸地消失。

Q.30

問：擔心身邊的人名譽受損，要怎麼寬恕和處理？

答：你身邊的人名譽受損或其他方面受損的時候，你害怕的其實並不是他有什麼損失，而是「大範圍」的擔心自己會損失什麼，而這種擔心最直觀的表現是你會害怕他會不會拿你出氣和拿你怎麼出氣。例如，你媽媽在工作中受氣了，然後她回到家裡就開始「窩裡鬧」。這時候，你當然無法幫她解決工作中的問題了，而且你若攻擊和抵制她的話也沒什多大用處，當下你所能做的，就是持續性地寬恕你媽媽和寬恕她在家裡鬧的境遇，因為一旦你使用了奇蹟思維去應對她的「窩裡鬧」，聖靈就會被你召喚出來，然後聖靈就會幫你去修正你媽媽的某些錯誤思維。這時候，你才算是真正地幫到了她。

好，這個例了你可以舉一反三，再自己多琢磨一下，畢竟人世間擔心身邊的人會連累到自己的事情，實在是太多太多了，我並無法一下子都講完。

Q.31

問：請問老師，書中說多瑪斯三十六歲就因為去印度傳道被軍閥處死了，達太還是同性戀。我突然感覺耶穌的門徒好倒楣，我要是操練《奇蹟課程》，不會也變得這麼倒楣吧？

答：哦。如果從耶穌升天到現在來計算，你也在耶穌升天之後輪迴了二十多輩子了。那麼，你以為你這二十多輩子走到現在是白走的嗎？怎麼可能！如果說你現在已經走在操練奇蹟思維的路上了，那麼，這就能說明你在過去的這二十多輩子裡也已經修行過和為真理奉獻過了。更何況現在已經步入法律時代，過去的那個無法無天的時代也已一去不復返，所以你不用想這些沒用的，你也不用拿「你的今生」和「耶穌的時代」做比較。

Q.32

問：老師，您在必讀信息中說潛意識操縱我們，我想問潛意識是不是受聖靈掌控，聖靈和潛意識目前是什麼關係？

答：聖靈不操控潛意識，因為潛意識不存在。聖靈和潛意識的關係是，聖靈會把潛意識和它投射出的世界變為一個能使你回歸於天國的工具。

問：《奇蹟課程》是講給誰聽的？是聖子（一體靈性）、純淨意識、潛意識、自我意識、小我，還是抉擇者、觀者？另外，是誰在做真寬恕？

答：《奇蹟課程》是講給自我意識並讓自我意識消融潛意識和自我意識的，所以自我意識可以稱之為抉擇者。在學習和操練的這一路上，你的自我意識會感受到自我意識和潛意識（包括潛意識投射出的世界）是不存在的，而唯一存在的只有那肖似於天國的奇蹟心境。

問：哦。那就是說發動真寬恕的是自我意識，感受到純潔無罪的奇蹟心境的是肖似聖靈的心靈，這樣說對不對？

答：對。操練奇蹟思維的時候，就是你的心靈與聖靈合一的時候。

Q.33

問：老師能講講對金錢的恐懼嗎？總是怕人沒死，錢沒了。

答：因為你的很多自我價值和存在感都和錢綁定，所以，想要克服對金錢的恐懼需要一段複雜和長期的操練過程。至於怎麼操練，關鍵的問題還是人際關係，因為對錢的恐懼大多數都綁定著具體事件中的人際關係，也就是說錢雖然是死的，可錢最後綁定的具體事件中的人都是活的。

就拿我來說吧，我對戰勝金錢恐懼的理念和經驗是：我每每都會把大部分的金錢用在人際關係中操練滿足別人的真心求助，最後這些操練就會化為長期的平安境遇，這些平安境遇還包括了我家人對我人性的認可。因為我的操練會讓他們感知到，我對金錢是沒有任何匱乏和恐懼，所以他們會認為我是一個能給他們帶來安全感的人。最後，我的家人對金錢的恐懼也會因為我的操練而不斷地降低。

所以，怎麼花錢才是克服金錢恐懼的核心，而不是怎麼掙錢。怎麼掙錢是公事，怎麼花錢才是大範圍地牽扯到人際關係和私事領域的事情，而奇蹟思維的操練也一定會大範圍的在人際關係和私事領域中進行。所以，你可以盡量把大部分的金錢花在家庭和你身邊的人際關係上。除此之外，別的路對戰勝金錢的恐懼沒什麼大用處，因為一切的一切都要圍繞著你的核心人際關係，你的試煉也不在「遠方」。

最後，關於花錢的領域你還要注意一個事情：給孩子花錢的時候，有可能會牽扯到教育問題，而教育又是一種近似於工作和公事的事情。所以，給孩子花錢的時候你要清醒一點，不要太溺愛孩子（不論孩子是否成年），該花的花，不該花的就不花。這樣你就不會在教育這個「工作」上犯下很嚴重的錯誤了，你的孩子也不會在未來吃很大的「苦頭」了。這就是花錢領域的一個注意事項吧。

問：我老公讓我好好存錢，那我怎麼操練？

答：他讓你好好存錢也是他的一種真心求助，所以你就好好存錢，這同樣也是操練。

Q.34

問：教育孩子為什麼是一種近似於工作的事情呢？

答：教育孩子為什麼是一個「工作」，我很難用幾句話講清楚。不過你可以自己想一想，這世界上所有教育孩子的機構是不是都屬於一種「公事」機構？然後你還可以想一下，你作為一個孩子的父母，雖然沒有在這些「公事」機構裡辦公，但你的孩子對於你來說，是不是一個教育的對象？想一下這些問題，你就會明白為什麼教育近似於「工作」了。

好，以上的答覆你自己考慮吧。我再多說幾句別的話，我在〈必讀附錄三：孩子的教育與修行〉P135裡也講了一些教育孩子的要點，我現在就把這些要點再展開地講一下。

就拿我來說，我在教育孩子問題上非常注意以下兩點：

第一點，就是教育孩子要誠實。我會在合適的時機給孩子灌輸：「我不管你犯了多大的錯誤，只要你如實地告訴我，就什麼事都沒有，連懲罰都不會降臨於你。」

第二點，我會教育孩子不隱瞞。我會給孩子灌輸：「你要做一件事情之前，你要問問你自己：『這件事情我做了之後敢告訴爸爸媽媽嗎？敢告訴爺爺奶奶或外公外婆嗎？敢告訴你的老師嗎？』如果你覺得你敢告訴這些人，那你就去做；可如果你覺得你不敢告訴這些人，那你就別去做。」（不隱瞞的兒童版）

那麼，我為什麼要注意這兩條呢？這是因為在現在這個時代，有一些孩子不是太獨立就是太獨霸，他們也不輕易和別人溝通。所以，作為一個家長，首要任務就是和孩子建立起暢通的交流，而暢通的交流又只能從孩子的誠實和不隱瞞的基礎之上才能被建立起來，這就是教育孩子的「核心科技」了，如果你能掌握這個「核心科技」，你就能更好地掌控和引導孩子。這還能促成你更少地使用懲罰性的手段來教育孩子。最後，如果你和孩子能保持暢通的交流，那你還可以繼續建議孩子「我是大人，我比你更知道人世間的善惡標準，我也比你更有經驗，所以當你碰到了想不明白的問題，你可以問我，然後我就會告訴你怎麼做才是最好的，這樣你就不會做錯事了。」這時候，你就算擁有教育孩子的全部「核心科技」了，而你的孩子也會因為這個「核心科技」而少受很多苦。

Q.35

問：文中說時間本來就是全像式的，根據課程的說法，過去、現在和未來全都是同時發生的。种老師，您能不能用通俗的例子講一下，我還是不太理解。

答：比方說，你這輩子叫王五，上輩子叫張三，下輩子叫李四。現在，你這個王五正在聊微信。然而此時此刻，張三其實也正活在他的那輩子，並且正在寫書法。李四也是如此，他也正活在他的那輩子，並正在看書。所以，你和張三和李四是同時活著的——這就是全像式的通俗含義。

問：「我現在正在打微信，張三其實也同時活在當下一刻正在寫書法，李四其實也活在下一輩子正在看書，這三個我同時活著。」請問老師，這是平行世界嗎？這個怎麼理解呢？

答：這不是平行世界，而且對你來說也根本沒有平行世界。因為你只有一個潛意識，所以，一個潛意識只能投射出一個夢境世界。只不過，在這唯一一個夢境世界裡，時間卻是全息的，你每一輩子的輪迴也是同時發生的。所以，線性時間從根本上講只是個騙局，這個騙局還包括你這輩子的時間，例如你的小時候和你的現在其實也是同時發生的。只不過因為潛意識的操控，你的自我意識無法感知到時間是全息式的，這就是潛意識的花招。

在天國裡並沒有時間，只有永恆，所以潛意識投射出的世界必須和天國相反才行，所以潛意識就投射出了時間，並操控著自我意識去體驗時間，這時候時間就成為線性的了。這其實就是潛意識欺騙自我意識的手段，當然這種欺騙對於潛意識來說也是一種自我欺騙。

Q.36

問：是不是可以理解為操練《奇蹟課程》也是在夢中操練？對於沒操練的人，從本質講他們已經覺醒了，只是他們不知道而已。

答：《奇蹟課程》就是在夢中操練的課程。關於別人覺醒的問題，你不用唐突地去認定所有人已經覺醒了，因為覺醒經驗是幻相層次裡會發生的事情，這個事情在幻相裡也是有先後的。所以，你可以把別人看成是從來沒有離開過天國的聖子即可（看別人是純潔無罪的概念）。這時候，別人是否覺醒（與你的操練無關的事情）和你如何看別人（真正的操練）就被你澈底地分清了。

Q.37

問：种老師，我剛剛讀到的《奇蹟課程》正文的一句話：「也請記住，即使你的邀請只是輕描淡寫的一個手勢，聖靈仍會全力以赴地回應的。」這給了我巨大的平安，我的理解就是：比如說，我擔心錢包會被偷，當這個恐懼一念出來的時候，我覺察到了這個念頭，然後我把這個念頭交託給聖靈，我就知道聖靈會幫我的。可是，剛才有道友討論時您回答說：「你在恐懼當中，聖靈不會管你。」這反而讓我感覺不平安了，是不是我只要在恐懼當中，聖靈就不管我了，我就得等死了？

答：我更深入地說明一下，你就會明白了。文中的一個手勢的含義是——拿你丟錢包的例子來說——當你恐懼的時候，如果你稍微懷疑一下「丟錢包的境遇如果發生了」有可能是一場夢境的話，這個稍微懷疑就是「給聖靈輕描淡寫地打了一個手勢」，這時候聖靈就會介入了，然後，你的稍微懷疑就很有可能會因為聖靈的介入而變為一次面對恐懼（交託）的操練了。這就是說，你會因為這個懷疑而操練一次：我的錢包丟了也是一個幻相境遇，我不害怕經歷這個幻相境遇，而且我也不會是這個境遇的受害者。這時候恐懼就離你遠去了。當然，按照人世間的規律來說，你還是要把錢包放好的，你也不能大意。

問：我聽得懂，哪怕是對這個念頭的一個稍微地質疑，都是一個邀請？

答：是的。在真寬恕的原則下，如果你對一個事件的真實性稍微質疑一下，就叫給聖靈打了一個手勢，然後聖靈就會介入。這時候，你的這種「正確的懷疑」就會不斷地增長，並很有可能會成為一次奇蹟思維的操練。

問：那這種呼求可以嗎？比如說，「我受夠了，我不想再承受這個了，受夠了。聖靈啊，幫我把它拿走吧。」

答：這不是呼求，這是逃避恐懼並把恐懼壓到潛意識裡去。這種想法是不可能化解恐懼的，聖靈也不會介入。

呼求聖靈最低的標準是：你可以呼求聖靈幫你看出事件和世界的虛幻性，或者你可以呼求聖靈賜給你一些能幫你看出事件和世界是虛幻性的靈感，這是呼求聖靈的最低標準了。

Q.38

問：什麼叫愛自己，什麼叫不愛自己？

答：從實戰的角度來說，不愛自己就是認定兄弟是一具身體，並定罪給兄弟。因為當你攻擊兄弟的時候，潛意識、世界和罪對於你來說就成真了，這時候你就是在傷害自己。

愛自己即是：你要在理解自己是純潔無罪的上主之子的同時，理解到其他人也是純潔無罪的上主之子。由此來看，愛自己的原則還是愛人如己，愛的屬性也必定是一體性的。當然，愛自己的操練有時候要配合很多奇蹟思維才能展現出來。

Q.39

問：寬恕最後一個要素：信任聖靈，決心依靠祂的力量。請問种老師，信任聖靈，依靠祂的力量，那麼是所有的都依靠聖靈的力量呢，還是僅限於人際關係？

答：這句話的意思是說，請你信任聖靈教你的這套思想體系吧，好好地操練這套思想體系吧！因為這套思想體系本身就代表著聖靈的力量，而真正的你就是那個與聖靈一體的基督。這就是文中這句話的含義了，這句話之所以被稱為寬恕最後一個要素，是因為這套聖靈思想體系是以真寬恕為首的。

然後，到底是所有的事情都依靠這套思想體系，還是只在人際關係中依靠這套思想體系？這個問題就只能靠你自己的學習和你自身的經驗積累了。不過這套思想體系確實是大範圍地適用於人際關係的。

Q.40

問：《告別娑婆》中的整體的全部您能講明一下嗎？書上說這是耶穌當年操練的。

答：可以，整體的全部來自《告別娑婆3：愛不曾遺忘任何人》，這個操練也確實是耶穌當年一直在練的。不過講述這個需要使用具體的案例，我就使用〈聖靈的作用與隱瞞〉裡的例子來講。不過請注意，在我講完之後，你也不要認為這個操練是很容易做到的。因為這個操練比較適合於那些已經在生活中常年操練奇蹟思維的人。

那個例子是：你爸爸和你媽媽正在為了一件事情爭吵，你就在旁邊看著他們爭吵。這時候，你放眼望去，你身邊是兩個人。此時，你就可以在該章的基礎上如此地操練整體的全部了。

首先，你可以先看你的老爸，看到他之後，你可以這樣思維：「我老爸的身體只是我夢到的一個幻相，這個幻相根本就不存在，而此時他和我老媽的爭吵和互相定罪的事情也只是我的一個夢境，也不存在。如此便能得出：我老媽的身體形象和這個世界上所有眾生的身體形象都是虛妄且不存在的，而這個夢境世界也只是一個虛幻的合相，它也根本不曾存在過。」

然後你要繼續思維：「我的老爸只是一個抽象的純潔無罪的概念，而這個純潔無罪的概念是不會被我老爸的虛幻形象框住的，因為抽象的純潔無罪是超越身體並會無限延伸的。所以，我老爸的純潔無罪已經延伸給了我和我老媽，而這個純潔無罪還會進一步地延伸到整個世界和所有眾生之內。」

當你完成了以上的操練，你的心靈不但會體驗到那一體性的純潔無罪已經涵蓋了你和你老媽，你的心靈還會體驗到這個純潔無罪已經涵蓋了整個世界和所有眾生。而恰恰就在這個時候，你的心靈就會感知到它已經成為這個純潔無罪了。這時候，你就算完成半個整體的全部的操練。

然而，在這個具體事件中，你是有兩個操練對象的，所以你還要針對你的老媽再重複性地操練一次剛才的思維，這樣的話，你的整體的全部的操練才能滿全。

因此，此時你要把眼光定義到你老媽身上並重新操練一遍剛才的思維：「我老媽的身體只是我夢到的一個幻相，這個幻相根本就不存在，而此時，她和我老爸的爭吵和互相定罪的事情也只是我的一個夢境，也不存在。這樣就可以得出，我老爸的身體形象和這個世界上所有眾生的身體形象都是虛妄且不存在的。而這個夢境世界也只是一個虛幻的合相，它也根本不曾存在過。」

接著這樣思維：「我的老媽只是一個抽象的純潔無罪的概念，而這個純潔無罪的概念是不會被我老媽的虛幻形象框住的，因為抽象的純潔無罪是超越身體並會無限延伸的。所以，我老媽的純潔無罪已經延伸給了我和我的老爸，而這個純潔無罪還會進一步地延伸到整個世界和所有眾生之內。」

至此，當你面對你老媽疊加地操練完畢之後，你心靈得到的那兩次（老爸和老媽各一次）純潔無罪的體驗就會合二為一。這時候，你就算操練完了一次整體的全部了。當然，我並不是說這兩次純潔無罪的心靈體驗有任何區別，因為它們本來就是互為一體的一回事。

好了，按照以上的講解為基礎，如果你能在你爸媽爭吵的時候同時進行雙線的作戰——換句話說，如果你能在你爸媽爭吵的時候，同時想到他們兩個人和世界上所有眾生的形象都是幻相，還能認定他們兩個人和所有眾生之內都保有著那唯一一個互相涵容、互為一體和無限延伸的純潔無罪的話，那你就算完美地操練了一次整體的全部了。

因此，整體的全部的操練關鍵點是，你是否能在碰到具體問題的時候，同時針對你的操練對象和非操練對象們（所有眾生）進行全面性地寬恕和給予純潔無罪。如果你能，那你在操練之後獲得的那個一體性的純潔無罪就會成為一種渾然天成的狀態。那時候，你的心靈想不體驗純潔無罪都是不可能的。

當然，在碰到具體問題的時候，你操練整體的全部也很有可能會附加很多其他的奇蹟思維，所以我剛才說：「你不要認為整體的全部是很容易做到的。」因為在實戰裡，能針對具體的事件和人物正確地組合和操練出奇蹟思維就已經很難得了，而這種難得的操練很有可能就已經讓你「使出吃奶的力氣了」，在這個基礎上還讓你加入整體的全部的操練，那就更難了。這就是為什麼我說整體的全部是不容易做到的原因。

最後，整體的全部指的就是那渾然天成的純潔無罪，指的就是那個互相涵容、互為一體和無限延伸的純潔無罪的心靈體驗。這個心靈體驗在《奇蹟課程》中被稱為基督的聖容和真實世界。

Q.41

問：《奇蹟課程》中說，奇蹟能使人的知見瞬間由橫向一躍而為縱向，如何理解橫向與縱向呢？

答：這句話的意思是，當你在人際關係中操練真寬恕和給出純潔無罪的時候，你就是在橫向地向其他人給出真寬恕和純潔無罪，而這個橫向給出就代表了你已經首先與兄弟合一在純潔無罪中了。恰恰就在這時候，聖靈就會直接進入到這個合一的純潔無罪中，這時候你的橫向給出就會直接成為你與聖靈的縱向連接（聖靈又是你與上主之間的交流管道）。

這也就是說，當你橫向地向兄弟們操練出奇蹟思維的一瞬間，聖靈和上主就會同時同步地與你建立起縱向的連接——這正是這種操練比你自己去摸索真理是什麼要容易和快得多的原因，冥想、靜坐等方式都很難達到你與聖靈的瞬間連接。

Q.42

問：面對我親近的人，如何寬恕他們的過去呢？

答：在你修行的過程中，親近之人的過去是很難被寬恕的，尤其是此時此刻還圍繞在你身邊的這些親近之人，原因在於：你會因為他們過去的所作所為來評估他們現在、將要做出的事情，而這些事情還是會讓你成為一個受害者的。因為這樣，寬恕親近之人的過去，必須採取多線作戰：

①寬恕那個人的過去。

②放下你過去對他的評估。

③放下你對他目前的一切評估。

④用交託恐懼來面對將要發生的事情。

⑤斟酌將要發生的事情是否是對方的一個真心求助。如果是，那就適當處理。

不過，以上這些回答不適用於教育孩子的範疇。

Q.43

問：斷輪迴之後是不是還會走神啊？如果回到天國再做夢怎麼辦？

答：回答這個問題首先要講明一下真理和信念之間的關係，這個關係是：真理之所以是真的，是因為真理就在你之內，所以對於真理的信念是不能通過外邊的某個人的描述和形容就能被你認定下來或被你作為依據的。因為答案就在你內，你也只能自己體會真理是真的——也就是說，你只能通過自己體會並最後經驗到你就是上主之子，並活在天國內的真相（這是一個輔助答案）。

下面我強行地用文字說一下整個「事情」的過程：

「當初」上主創造了唯一一個活在祂之內的你（上主之子）。然後，你就和上主一同創造出了無限數量的上主之子（這就是你是上主的創造同工的含義），這時候天國就成就了。因為這樣，「已經成就」的天國是無限數量的上主之子和上主同在的狀態。也就是說，天國「目前的」樣子已經超越了「當初」（其實也沒有當初）上主創造了唯一一個你的「過程」。

又因為天國是永恆的，天國裡的所有聖子都是一體且無二無別的，這就促成了天國裡的每一位聖子都共同保有著「當初，我才是第一個被上主創造出來的聖子」的記憶，所以說，在天國裡的每一位上主之子根本就無法分清到底誰才是第一個被創造出來的——這就好似細胞分裂一樣，A細胞分裂了B細胞，A說是它分裂了B。可是，B也可以說是它分裂出了A。因為這樣，天國裡的所有聖子都有著一種共同的覺悟和認定：每一個聖子都認為他才是第一個被創造出來的，而他還創造出了其他無限數量的聖子。

講述完了天國的樣子，再來說說之後發生的事：當無限數量的聖子同在於一個天國的事情成就了之後，你（無限數量的上主之子中的一位）才進入了夢境。進入了夢境之後你就成為了意識，然後就成為了潛意識，最後你就投射出了宇宙。

在你投射宇宙的同時，你又成為了一具身體。成為身體之後，你就開始在夢中遊蕩了，然後在你遊蕩的同時，你還學習了一些東西，學了之後你就開始慢慢地不信任這個宇宙大夢了，例如你學了《奇蹟課程》，開始操練奇蹟思維，操練到最後你經歷了覺醒經驗，而就在你覺醒的那一刻，你會憶起那個最最遠古的記憶：你是被上主創造出來的第一個聖子。所以，覺醒經驗只是一種記憶的真實重現。在這個重現裡，你的心靈會轉變為靈性，並會置身於上主之內，然後你就會再一次真實地感受一遍你這第一個上主之子是怎麼被上主創造出來的。

當你感受完被創造出來的全過程之後，你的覺醒經驗就會結束。所以，在覺醒經驗中，你是不會感知到其他聖子存在的，因為覺醒經驗只是一個最最遠古的記憶，這個記憶的「之後」才是其他無限數量的聖子被同時創造出來，這就是在覺醒經驗裡你無法感知到其他無限數量的聖子與你同在一個上主之內的原因，這也就是為什麼《奇蹟課程》說：「覺醒也是虛幻的經驗，覺醒經驗裡也只有一部分是真實的體驗的原因。」

當你經歷了覺醒經驗之後，你還會回到身體裡，然後你會經歷一些年的悟道期。在這個期間內，你就會明白所有人和你一樣都是可以覺醒的，所有人也都是上主之子並同活在天國裡。此時，你澈底回歸於天國（斷輪迴）的準備工作就算是「就緒」了。

最後，當你在夢中走到了最後放下身體的那一刻，你就會直接進入那無限聖子一體同在的天國，此時你就被澈底地啟動（復甦）了，而且就在這一刻，被啟動（復甦）的不只有你，因為在你澈底回歸的那一刻，你會確認到其他無限數量的聖子也從沒有離開過天國，所以其他無限數量的聖子也都會因為你的回歸而被全部啟動（復甦），這就是《奇蹟課程》中說「當你回歸的那一刻，你是帶著無限的聖子一起回歸」的原因。所以，當你澈底回歸天國的那一刻，你和所有聖子都會同時產生以下的這個覺悟（被啟動的覺悟），這個覺悟好似是：「我們（我）好似做過一個夢，我們（我）也好似真的進入過那個夢中，但是此時此刻，在永恆的天國之內，那個夢澈底地消失啦。哎呀，還真有意思，不過也真夠扯的。」

好，整個「事情」的過程我全部講完了，這個過程的結局是所有聖子被「啟動」，所以，當你斷輪迴之後，你是絕對不會再進人任何夢境中的。

問：你這樣回答，我有信心了。感恩！

答：你可以結合剛才的輔助答案進行整體的理解。你問的問題也只能這麼回答了，但這個問題即便回答了也未必會幫助到別人，因為這個問題的答案對於操練者來說只是一種外在的講解。所以說，最關鍵的問題還是在於你是否能信任自己內在的真理，而你內在的真理又要通過你親身的操練才能被你信任。這就是操練者所處的大體位置了，能不能「迎難而上」，就看你自己的選擇了。

最後，如果你要問「上主的天國是怎麼來的，上主之前是什麼？」這個問題是沒有答案的，因為天國沒有之前，也沒有之後。

Q.44

問：我想問一下种老師，做夢是不是潛意識罪疚的投射？需要察覺寬恕嗎？還是一切都沒有啥意義，不需要去分析？

答：你是說晚上做夢嗎？如果是的話，就用不著過多的寬恕，晚上做夢只是潛意識的淺度投射。

問：那麼，恐懼如果能在夢中釋放出來是不是比較好？要不潛藏在裡面無法察覺（雖然確切地說，其實晚上的夢和白天所經歷的都是不真實的，都是夢）。

答：哦，讓我用一個例子來解釋。比方說，你害怕離婚，不過你經常性地針對離婚進行操練，例如你經常交託對離婚的恐懼。然後，如果有一天你夢到自己離婚了，那麼這其實是證明了，你對離婚的恐懼已經被釋放了。對於一個奇蹟學員來說，你晚上做的夢很有可能是恐懼被釋放了的標誌，這是好事。

Q.45

問：老師，每個人的操練功課都是一樣的嗎？

答：每個人的操練功課都是不一樣的，但是操練者們確實會在操練的一路上經歷一種相同的操練態勢，這種態勢是：每個人都會在某個時期裡對他身邊的某一個人或某一件事進行反復和常年地操練，這樣他才能完成一個比較大的人生課題。

舉例來說，在這個微信群裡的道友當中，有人要對老公的攻擊進行反復地操練；有人要對老婆的犧牲進行反復地操練；有人要對長輩的某種行為進行常年地操練；還有人要對自己目前的孤獨進行操練。這就是所有操練者都要經歷的一個態勢，而這個態勢的經歷也代表了操練者正在打通自己心靈裡的某個比較大的「心靈阻塞」。這時候，他的心靈狀態就會因為阻塞的打通和持續的學習而更上一層樓。

從某種角度上來說，比較大的人生課題才是操練的關鍵，學習是次之的。因為能阻礙你心靈成長的東西，其實就是那幾個比較大的「心靈阻塞」，所以打通這幾個阻塞才是你能進一步地理解奇蹟智慧的基礎所在。這就好似——《奇蹟課程》如果是一副能治癒你心靈的完美藥劑的話，那這副藥劑能流經「全心靈」的前提和保證即是你心靈裡那幾個大的阻塞被打通。

Q.46

問：我曾經聽到您說主動賦予平安，能不能再仔細講講？

答：主動賦予平安是一種比較進階的奇蹟思維。從實戰上來講，主動賦予平安是建立在很多奇蹟思維之上的一種動態性操練。讓我舉個例子來好好說明——

你的一個核心家庭成員有心理或身體上的疾病，他經常會因為自己的病情對你發脾氣，而且還經常是在外人面前對你發脾氣。

面對這個家庭成員，你已經認真地操練了奇蹟思維，比如你知道他只是一個病人，他每次發脾氣也只是一種真心求助，因為他發脾氣也只不過是希望得到更多地照顧。

所以，面對這樣的一個病人，你每次都對他進行真寬恕、給予純潔無罪、滿足對方真心求助（用各種方式照顧他）、不求回報和克服犧牲的操練。

此外，你還會不斷地交託以下的恐懼：「如果在未來的某一天，我和他又出去和別人聚餐了，他又當著眾人的面再對我發脾氣的話，那我也認了，我認了，因為那種境遇也只是一個幻夢，根本就不存在，我也絕不是那個境遇的受害者。」

這時候，從實戰的角度來說，你其實已經完美地操練出了很多奇蹟思維了。直到某一天，你和他真的去參加了一個聚餐，那時候，如果你還是恐懼他會當著眾人的面對你發脾氣的話，你就可以在參加聚餐的過程中操練出主動賦予平安。

這個操練的思維模式如下：

①如果他還當著眾人的面對我發脾氣的話，我就持續性地保持寬恕和不反擊。因為我的這個所思所行只是在為最後平安的結局做準備。

②如果他當著別人的面對我發脾氣並讓我離開這個房間到另個房間裡去，我會一邊保持寬恕，一邊接受這個提議，因為我的這個所思所行也是在為最後的平安結局做準備。

③如果他當著別人的面對我發脾氣，而別人對他進行了持續性地勸阻並讓我不要反擊，我會默默地寬恕他們之間的互動並保持不反擊，因為他們兩個人的互動也是在為最後平安的結局做準備。

④如果他當著別人的面對我發脾氣，別人對他進行勸阻並讓我先到別的房間暫避，我也會接受別人的建議，因為我不會阻止他們兩個人作出一些建議，這些建議也只是在為最後平安的結局做準備。

⑤如果他當著別人的面對我發脾氣還讓我到另一個房間裡去，那我就去。然後，在我離開之後，如果別人對他進行交流和勸導，並最後又請我回到餐廳的話，我會接受建議並會回到餐廳。因為我知道這一系列的事件都是在為最後平安的結局做準備。

⑥如果我重新回到房間，他又一次當著別人的面對我發脾氣的話，那我還是保持寬恕和不反擊。因為我的這個重複性的所思所行還是在為最後平安的結局做準備。

至此，當你能按照以上的所思所行來處理這次聚餐的話，你就完成了動態性的主動賦予平安的操練了，然後這個操練就會為你顯化出一種不能完全用語言來形容的平安結局。

按照事例來講，這個結局是：參加聚餐的所有人和你的家庭成員都會折服在你持續性的內在平安之下，他們的某種錯誤思維也會被聖靈修正，然後你就會成為所有人心目中的人上人。這時候，其他人既不會埋怨你的家庭成員，也不會認為你是一個受害者，因為其他人完全能感受到你內在的那個深不可測的平安是多麼的強大。這種強大既不會傷害任何人，又散發著愛人如己的光芒。這時候，其他人除了無法用語言對你做出準確地讚美之外，心裡還會對你產生極大的敬重。這就是你最後所能獲得的那個所有人都能共用的平安結局，而這個結局還會對你的未來產生深遠的影響。

然而，話說回來，如果你在參加這次聚餐的時候還是用老一套的定罪模式來處理問題的話，聚餐雖然也會結束，但是結局卻是：所有人都會認為你還是那個充滿怨尤和恐懼的受害者。

當你身處在一個參與者比較多的具體事件中時，你不但要在這個事件的過程中操練出以真寬恕為首的各種奇蹟思維，你還要在操練的過程中不斷地認定：你之內那個持續性的平安會為此次事件的所有參與者都顯化出一個能夠共用的平安結局。與此同時，你還要不斷地認定參與事件的某些人做出的各種決定都是在為最後平安的結局做準備，他們的決定也只是那結局的一個組成部分。

這麼一來，你就不會阻擋某些人做出的某種決定了，也不會再恐懼某些人做出的某些決定會給你帶來不好的結局了。至此，你的心靈就會澈底的平安下來，這就是主動賦予平安。

Q.47

問：按照〈戰勝疾病與死亡〉P108 操練了一段時間，我覺得病情減輕了，那我想問一下是不是過段時間我的病就能澈底好？

答：你的問題我可以這樣回答：在實戰上，一個人使用奇蹟思維對身體疾病進行操練的過程是比較模糊的，時間的跨度也是很大的。常態化的情況是：你會在你的人生裡不斷地得病，然後你作為奇蹟初學者的時候，你很有可能會針對疾病首先使用出藥物治療，然後你會配合「一點點」的奇蹟思維。久而久之，比如又過了十年，那時候你也許會針對疾病同時使用出「一半」的藥物和「一半」的奇蹟思維。最後又過了十年，你針對身體疾病才很有可能會首先「大範圍」地使用出奇蹟思維，然後再配合「一點點」的藥物。

所以，從實戰角度來說，你治癒人生中所有身體疾病的重要原則只有兩條：①充分的耐心。②醫療方式和奇蹟思維的靈活運用。一定要記住：「有用的才是最好的。」

《奇蹟課程》雖然講過：你可以直接從病床上站起來。但是這句話只是從絕對的純一元的角度講出的，所以這句話和實戰並不是一回事，因為實戰必定是：沒有經過鍛煉的心靈是一事無成的，而鍛煉又是要依靠時間的。

Q.48

問：我想把您的必讀信息分享給我認識的一個道教徒，可以嗎？

答：當然可以。一個人如果脫去了宗教的外衣，他就是一個百姓，他即便能脫去所有的外衣，也不會離開柴米油鹽和人際關係，所以必讀信息是可以給任何一個人看的，這也不論他有什麼樣的宗教信仰。

Q.49

問：我是個新來的，我進入了網站看了必讀信息之後決定要操練奇蹟思維，您能提前給我一些建議嗎？

答：人生的旦夕禍福基本上都是瞬間即至、不待準備的，所以操練這套聖靈思維也是不待準備的。只不過，只有在你親自和首先地按照這套思想體系去想的時候，聖靈才能與你合一。所以，我能給出的一個總體的建議是：「天行健，君子當自強不息。」

<附錄>

《奇蹟課程》導言與奇蹟五十原則簡易注解

我在必讀信息曾提到：我講述的所有信息都來自《奇蹟課程》和《告別娑婆》這兩套書籍，我講述的所有信息也不會超越這兩套書籍 P138。這就是我這個講述者和我講述的信息所處的位置，而這個位置完全表明了：我講述的信息只是一個能讓你最大化地讀懂主要教材《奇蹟課程》的台階。

此外，你若想最大化地理解《奇蹟課程》，首先得明白《奇蹟課程》這套思維體系是如何運用在生活中的，還要明白這套思想體系能為你帶來何種益處，如此你才能更好地保有學習《奇蹟課程》的願心。這就是我的必讀信息之所以出現的原因，其實那也是《告別娑婆》系列叢書出現的原因。

考慮到你可能會直接來讀這篇附錄和這篇附錄的獨立性，我會拿出必讀信息中的一個實戰案例作為注解《奇蹟課程》的導言與五十原則的引子，

然後我還會再次簡單地詮釋一下《奇蹟課程》這個書名的總含義，最後就開始進入講解階段了。

引子如下：

有一個兩口之家，老公和老婆都是上班族。某天老公突然迷戀上了網路遊戲，他每天一回家就是玩遊戲，這讓他的老婆很反感。又過了些日子，這位老婆實在忍受不了了，就在他老公玩遊戲的時候罵他：「天天就知道玩遊戲！也不理我！你再玩就和遊戲裡的人過日子去吧！現在就給我關機！」老公被這樣罵立刻怒火中燒，回答道：「我下班玩會兒遊戲怎麼了？你少管我，別無事生非。」然後，這個老婆就更急了，繼續說：「你都多長時間沒有陪我逛街了，你現在就陪我去逛街，你再玩我就砸了你的電腦。」然後老公繼續反擊：「砸啊你，我就是不去。」最後這小倆口就你一言我一語地爭吵起來。

如果你就是這事例中的老公，那你要如何思考才能把自己那套把世界當真的小我思維轉變為另一套知道世界是夢境的聖靈思維呢？或者說，當你處於這個境遇的時候，你要如何想和如何去做才能獲得心靈的平安並得到平安的境遇呢？接下來，我會點到為止地講述一下你要操練出的所思所行：

首先，你要在吵架的過程中或者在吵架之後，警醒到自己已經把世界當真了，然後你可以操練出以下的思維並展開行動。

①真寬恕你的老婆

你要在思維裡認知到：「我只是在一個夢中夢到了我的老婆和她的那具身體，所以我也只是在一個夢中夢到了自己是一具身體。然後，我還在這個夢中夢到了一個被老婆攻擊的事件，所以這個事件和事件中的她和我都是幻相，包括她的自我意識和我的自我意識也都是幻相，根本就不存在。」

②把純潔無罪的概念給予你的老婆

「我的老婆只是天國中的一個靈性，她是純潔無罪的，她沒有離開過天國，所以真正的她只是一個純潔無罪的概念，她根本就不是一具身體。」此時，你就會因為真寬恕和給出純潔無罪之力而體驗到你自己也只是你給出去的那個純潔無罪的概念——因為你給出去什麼就證明你擁有什麼。當你完成了這一步，你就會和你老婆合一成為一個純潔無罪的抽象概念，這時候，這個抽象的概念就會成為你的一種心靈體驗，而你的這種心靈體驗又無法被幻相侵擾或摧毀。這種心靈體驗，就是課程要表達出的一種超越夢境且安全無虞的奇蹟心境，只不過此時的奇蹟心境對於這件事情來說只是一種雛形，或者說是一種不完全體。

③操練放棄兩個需求

Ⓐ你要明白：你愛玩電腦遊戲是因為你要用遊戲所帶來的滿足感去填補你之內的匱乏。問題是，你其實只是活在一個夢境當中，但如果你認定玩遊戲的滿足感是真的，那麼這個世界就會成真，與此同時，你之內的匱乏也就會在你的心裡成真，而如果你之內的這個匱乏成真了，你就再也無法用夢中的任何東西來填補這個成真的匱乏了——因為世界若不是和匱乏一起成真，就會和匱乏一起成幻。正是因為這樣，作為事例中的老公，你要做的就是看出你之內的那個匱乏是虛幻的，然後，你就可以用放棄玩遊戲的行動來消融掉它。

Ⓑ你要明白：如果你仍然希望你的老婆能允許你玩遊戲，你就還是想

把你的老婆改變成為一個能滿足你匱乏的人，這種想法和反擊她的舉動（要求她改變的舉動）也是一種把匱乏當真的彰顯。因此，同樣的道理，你如果想要消融掉那「同一個」匱乏，那你就要在思維上放棄那個想要「老婆去改變」的想法，並用不反擊來達成。

當你放棄這兩種需求並消融了匱乏之後，你剛才擁有和成為的奇蹟心境雛形就會被你鞏固，並會被你豐滿成為沒有匱乏的奇蹟心境。這時候，你老婆害怕你玩遊戲上癮的那個恐懼就會被你消融掉，她也就不會再攻擊你了。因為你老婆對於你的攻擊必定會因為她恐懼的消失而消失，而且這個世界又是你夢到的，所以那個消失了的恐懼也不會在你之外。

④操練滿足真心求助

你要想到：「我的老婆是因為缺少一個能陪伴她的老公才產生匱乏的，然後她才會因為匱乏來要求我成為一個能經常陪伴她的人，因此，這種要求也可以說成是她的一個求助之音。然而問題是，這個世界是我潛意識投射出的一個夢境，我老婆的匱乏也是我潛意識之內的，只是這一次，這『同一個』匱乏是從我身外的一個形體之內呈現出來的，所以我如果想消融掉我潛意識之內的那『同一個』匱乏，就要先把這個匱乏轉變和定義成為虛幻性的，這樣我才能把它消融掉。那麼，我要如何進行這種轉變和消融呢？那就是：我要用我的時間和精力去滿足她的那個匱乏，也就是說我要用逛街的行動來滿足她的求助。只是這一次，在滿足她匱乏的同時，我要一併想到——或者說，我要在行動之前或者行動之中就清楚地認知到——我陪她去逛街所付出的精力和時間都是虛幻的，我並不害怕失去這些虛幻的東西，我是甘心情願的。」

這時候，你潛意識中的那「同一個」匱乏就會被你轉變成為虛幻性的，並且會被直接地消融掉。這就是滿足其他人真心求助的內涵和形式，只是這個思維模式要附帶行動。

當你能做到滿足別人真心求助的時候，你老婆之內的匱乏就會消散，而她害怕你永遠都不會陪伴她的恐懼也會消失掉一部分。這時候，你潛意識之內的匱乏和某些恐懼也就消失了。至此，你剛才擁有和成為的奇蹟心境就會再一次被你豐滿為沒有匱乏且愛人如己的奇蹟心境。

愛人如己的含義即是：當你在和其他人進行人際關係互動的時候，你既能通過他的幻相而看到他和你的真相，你又能按照另一套以「世界只是一場夢境」為基礎的思維模式去處理你生活中的具體問題，並且你還能在處理的過程中消融掉其他人的匱乏和恐懼的展現。這就是愛人如己的核心內涵，而這個內涵也代表了，你是可以在人間以身作則地為其他人表達出：我是上主之子，我是一無所求亦一無所缺的，而且我也不會被夢中的任何東西所牽制和捆綁。這就是本課程中提到的教與學和學與教的一個內涵。

⑤操練面對恐懼（交託）

在你完成以上的所有操練之後，你可能還會保有一份遺留下來的恐懼。這個恐懼具體來說是：你會恐懼你的老婆會在未來不斷地讓你放棄某些需求，或者你會恐懼她在未來會不斷地向你提出某種求助。當這種恐懼出現的時候，你可以這樣想：「即便在未來發生了那些我不願意去經歷的事情，那我也認了，我認了。因為那些事情即便發生了也只是一場夢境，那些事情即便發生了也沒有一樣是真的存在的，所以它們即便發生了也影響不了我的真相，它們即便發生了我也會坦然地面對並經歷它們，而我也絕不會是那些事情的受害者。」

當你如此面對恐懼之後，你剛才擁有和成為的奇蹟心境就會再一次被你豐滿為沒有匱乏、愛人如己和一無所懼的奇蹟心境。至此，奇蹟心境終於在一個具體事件中被你豐滿為完全體了，你人生中的一個具體問題或者說你人生中的一個具體煩惱也就被你使用的這些思維澈底解除掉了。這時候你的心靈就會體驗到永恆的平安，而這種永恆的平安就是奇蹟心境的主要屬性。

最後，當你在體驗到那種永恆的平安之後，這個平安就會立刻或者逐漸地呈現出一種平安的境遇給你。

如果用事例來說，這種平安的境遇即是：你的老婆會因為你不斷地操練奇蹟思維而慢慢地放下對你的攻擊和約束，她擔心你沾染上網癮或會成為那個不陪伴她的人的恐懼就會消失殆盡。然後她就會對你愈來愈信賴，並會對你表達出一種和諧的情感，而這種和諧的情感一定會被你的自我意識捕捉到。這就是你能得到的附帶利益。

那麼，你操練以上這些思維的主要利益是什麼？是覺醒於自己的真相。這個答案就能牽引出《奇蹟課程》這四個字的總含義：

這是一部講述奇蹟思維並會使你成為奇蹟心境的課程，這部課程是以你是上主之子和世界是夢的真相展開的，它可以全面地把你那套認知到世界為真的思維體系，轉化成為另一套認知到世界是夢的思維體系。這部課程講述的所有思維模式，都可以被你組合並運用到你生活中的每一個具體問題，這樣你就就自行解除生活中的一切問題，並不斷地成為平安的奇蹟心境了。

並且，奇蹟心境這種心靈體驗又肖似於你的真相：上主之子活在天國之內的覺悟。所以如果你能經常性地體驗到自己是奇蹟心境的話，這種「量變」就會在某一時刻轉化為「質變」，那時候你就會從人生大夢中甦醒，並會覺醒於上主之內。

這就是《奇蹟課程》和奇蹟心境能給你帶來的主要利益，而奇蹟心境還能為你帶來兩個附帶利益：

①奇蹟心境能大幅度地縮短你在夢中遊蕩的時間。

②奇蹟心境會顯化出平安的境遇被你經歷。

這些，就是「奇蹟課程」四個字的總含義。接下來，在開始講解《奇蹟課程》之前，我再提醒兩點：

①沒有人會逼你學習這部課程。因為這部課程的生命力並不是來自你夢到的這個世界，而是來自你心內的天國，而且它在人世間也只是一本書，所以要不要學習全看你自己的選擇。

②引子事例中每個步驟的操練都會對你的心靈產生一定的淨化作用。也就是說，即便你在某個具體問題上只是做到了第一條真寬恕，那你也會得到相應的心靈淨化。所以當你針對某個具體事件組合運用奇蹟思維的時候，你運用得愈正確，你的心靈就愈能得到更好地淨化。

注意！

以下我只做導言與奇蹟五十原則簡易注解，大家可以透過最前面的符號索引，在《奇蹟課程》找到相應的原文。

《奇蹟課程》導言簡易注解

我用白話文的形式講述一下導言：

T-in.1.

1.這是一部闡述奇蹟思維並會使你成為奇蹟心境的課程。

2.這部課程之所以叫必修課程，是因為這部課程所講述的理念是每一個走在覺醒之路上的人都要經歷的試煉。哪怕你並不是因為課程覺醒於上主的，也一定會走過課程裡講述的很多重要理念的操練之路。此外，哪怕是過去的那些已經回歸於天國的修行者們沒有看過《奇蹟課程》，他們也無一例外的都操練過課程中的一些重要的理念。所以，這部課程是一部無視時空性的必修天書。

3.你學習這門課程投入的時間是隨意的，你想什麼時候學就什麼時候學，想學多久就學多久，而且你還有可能會跨越輪迴地斷斷續續地學。

4和5.沒有人能夠逼迫你學習這部課程，因為你的自由意志是上主所賜予你的，所以你的自由意志和你自身的選擇權利是最大的。但是，你自由學習的權利和你能夠完全讀懂課程完全是兩回事，所以，常態化情況應該是：必須要能夠在生活中常年地、多年地操練出課程當中所講述的所有奇蹟思維，才有可能會讀懂這部課程，因此，你千萬不要認為讀懂這部具有整體性和全息性的書是一件容易的事情。當然，你是可以在某一段時間之內學習書中的某個奇蹟思維並運用在某個具體事情上的，這種間斷性的學習也是你的自由。

6和7.本課程的學生並不是天國中的你，因為你的真相即上主之子是不可動搖、不需要教導也無法教導的。只不過，上主之子現在已經進入了一個夢境，並把夢境當真了，而把世界當真的思想體系即是上主之子體驗不到自己是上主之子的障礙，所以本課程的學生是那個體驗不到自己是上主之子的虛幻的「你」，本課程的目標也只是致力於消融「你」的那套把世界當真的思想體系。當然，不論「你」會在夢境中流浪多長時間，也不論「你」什麼時候開始操練這部課程或操練了多久，這些都不會影響到你是上主之子並永恆居於上主之內的真相。

8.這句話有兩種內涵：①愛代表你在某個具體問題上正確地組合和運用了各種奇蹟思維，處理了那個問題並成為奇蹟心境，愛就從這種澈底平安的奇蹟心境中誕生。愛的反面雖然是恐懼和幻相，而愛所到之處，恐懼和幻相便會失去意義，這就是愛是沒有對立面的道理所在。②愛代表上主的天國。在天國之內，恐懼和幻相根本沒有容身之處，所以天國是沒有對立面的。

T-in.2.

因此，本課程可以簡單地歸納為：

只有上主的天國真實存在，你的夢境是無法侵入到天國中的，所以天國不受任何威脅。此外，你能成為的那個奇蹟心境也是超越夢境的，所以它也不會受到任何威脅。只不過，奇蹟心境好似是過河的木筏，當你回歸了天國之後，它就會失去意義並會消失蹤影。

你的自我意識綁定的那具身體屬於主體，相對於這個主體的客體是你眼前的這個世界和世界上的眾生。可是，這主客兩體都是你這位上主之子的一場夢境，所以，這主客兩體都是虛幻的，也根本不曾存在過。

奇蹟思維和平安的奇蹟心境就從以上兩句具有總結性的智慧中產生。

奇蹟的真諦——奇蹟原則簡易注解

T-1.I.1.

第一條原則需加入一個小事例，並與引子事例進行對比來進行講解。

事例如下：

你剛才在網路上和別人討論《奇蹟課程》某些理念的時候，突然有個匿名的網友冒了出來，並對你進行了辱罵和人身攻擊。當你處於這種境遇的時候你要如何操練？

①你要在思維裡認知到：「我只是在一個夢中夢到了一個『我被匿名辱罵的事件』，我只是夢到了那個網友和他的那具身體，我也只是夢到了自己是一具身體而已。所以，這個事件和事件中的他和我都是幻相，包括他的自我意識和我的自我意識也都是幻相，根本就不存在。」

②把純潔無罪的概念給予那位網友：「他只是天國中的一個靈性，他是純潔無罪的，他也沒有離開過天國，所以，真正的他只是一個純潔無罪的概念。」

這時候，當你完成以上兩步操練的時候，你就會因為真寬恕和給出純潔無罪之力而體驗到你自己也只是你給出去的那個純潔無罪的概念。這時候，你的心靈就會體驗到超越一切的平安，這時候你就成為了奇蹟心境的完全體。
最後，你就可以用不反擊的行動達成以上的思維認定。至此你的一個具體問題就被化解了。

通過以上這個事例與引子事例進行對比就可以得出，你針對於兩個事件所組合和運用的奇蹟思維的數量是不同的，但是它們最後導向的結果（即完全體的奇蹟心境）卻是一樣的。這就是本條原則中「奇蹟」二字的內涵，在本條原則中，奇蹟代表了奇蹟心境。所以奇蹟心境並沒有難易之分，也沒有更大或更難的區別，因為它們只是同一個心境，同一回事。

本條原則的最後一句話是說：你若能長期地、正確地使用某些奇蹟思維處理某些具體的事情，你就會不斷地、以身作則地為所有人表達出真正的愛。因為愛只從平安中誕生，而平安只能從奇蹟心境中誕生，而奇蹟心境只能從以真寬恕為首的奇蹟思維中誕生。這就是本條原則最後一句話的內涵。

當然，在這個幻夢中，你確實需要不斷地組合很多奇蹟思維來針對某個具體的問題，從這一點來看，奇蹟思維的組合運用確實有多和少之別。然而問題是，你只是在一個夢境中使用了或多和或少的奇蹟思維，因此，不論你使用了多少奇蹟思維，也不論你解除了多少問題或你成為過多少次奇蹟心境，它們也都只是一段不存在的修行之路。

T-1.I.2.

奇蹟思維和奇蹟心境本身無足輕重，因為它們只是你覺醒於上主之內的跳板，而且唯一真實存在的境界也只有上主的天國。所以，當你使用這兩個工具回歸於上主的天國之後，這兩個工具就會失去意義並會消失於無形，這就是本原則中無足輕重的道理所在。

不過，雖然它們對於天國來說是無足輕重的，可它們卻來自天國，因為它們是上主對你的喚醒之音。所以，它們的價值是超越夢境且不可以用夢境世界中的任何觀念去評估的。

T-1.I.3.

本條原則簡易注解為：

1.平安境遇是奇蹟心境顯化給你的。

2.因此，關鍵的問題還是在於：你能不能在具體問題上正確地操練出奇蹟思維並獲得奇蹟心境。

3.因為奇蹟心境是平安的奇蹟境遇的源頭。

T-1.I.4.

在上主的天國中，你會永恆地覺悟著你是活在上主之內的一個靈性，你與上主一體同在，你也與其他無限的靈性一體同在，整個天國即是你之本體。當你在人世間操練奇蹟思維並成為真實世界的時候，你就會體驗到你和所有人只是一個純潔無罪的一體性的概念，所以真實世界的心靈體驗肖似於你活在天國中的覺悟，所以真實世界之內充滿了肖似於天國之內的生命。

本原則的第二句話是說，在你經常性地在人世間操練奇蹟思維並得到更多的心靈淨化之後，你的心內就會出現更多的正確靈感。這些靈感又會促成你能更進階地完成操練並直到最後有那麼一刻，上主會親自把你的心靈拉入到祂的天心之內，那時候你就會覺醒於上主之內，並會確認到你眼前的這個世界根本就不存在。

T-1.I.5.

這條原則也和你的真相遙相呼應。作為活在一個夢中的上主之子，你應該把奇蹟思維的操練培養成為一種習性，你不應該揀選什麼事情需要操練奇蹟思維，什麼事情又不需要，因為夢境世界中沒有任何東西是你這個上主之子無法寬恕的。

當然，本條原則的要求極高，這也不是一個初學者能做到的。除此之外，人世間的公事和法律領域確實存有著一套固定的規則，這些規則確實可以牽制著你能獲得的幻相是多還是少，並且法律規則還能牽制身體的自由。所以，本條原則只是大範圍地適用於私事和人際關係領域。

T-1.I.6.

作為活在一個夢中的上主之子，你在這個夢中操練奇蹟思維成為奇蹟心境，並直到最後回歸於天國，乃是一段最自然不過的經歷。可是，當你一直把夢境當真的時候，你就會一直在這個夢裡流浪，並且會不斷地經歷生老病死。

T-1.I.7.

作為一個活在夢中的上主之子，你是可以做到持續性地、完美地針對所有事情操練出正確的奇蹟思維的，這是你本身就具有的天賦。不過，你若想達到這個高標準的狀態，是需要依靠時間和韌性的。隨著時間的推移和操練的進行，你的心靈就會得到持續性的淨化，最終你也許會成為一個完美的操練者。

T-1.I.8.

本條原則要講述的是：一個操練奇蹟思維的人會對他和其他人造成什麼樣的影響。你可以參考必讀信息來進行理解，本次我只用引子中的事例作為講解。

引子事例中的那個老公使用了奇蹟思維之後就消融掉了他潛意識裡的匱乏、罪疚和恐懼，這時候他就是比較富裕者。而與此同時，因為他的操練，他還消融掉了他老婆的匱乏和恐懼，他的老婆也感受到了他之內的平安，這時候他老婆的欠缺就被彌補了。

T-1.I.9.

本條原則講述的是：愛的表達等於你在人世間操練奇蹟思維，而奇蹟思維裡有一個很重要的屬性，那就是——你給出去什麼，你就會獲得和成為什麼。

以引子事例來說，老公是在給出寬恕的時候——也就是說老公是在寬恕他老婆的同時——才獲得了自我寬恕的；然後，他是在給出純潔無罪的時候才成為了純潔無罪。

這就是奇蹟思維的重要屬性：給出即是擁有。由於這種模式超越了人世間的給出什麼即會失去什麼的自然律，所以它不但能讓給予者擁有他所給出的一切，還能讓接受者獲得心靈的慰藉。

T-1.I.10.

奇蹟思維只是一種能使人快速回歸於真相的無形智慧，奇蹟心境也只是一種無形無相的心靈體驗，而平安的境遇也只是一個比較美好的幻相，並且這個世界也只是你夢到的。所以，《奇蹟課程》只有一個讀者，那就是你；所以，奇蹟思維針對的是你能不能操練，而不是別人能不能操練。換句話說，如果你逼迫另一個人學習奇蹟思維，你就已經把另一個人的痛苦當真了，那麼，你就會先失落了自己的平安。

此外，如果你認為操練奇蹟的人和不操練奇蹟的人有什麼不同，也會落入特殊性的陷阱裡。因為《奇蹟課程》是寫給每一個人的，奇蹟圈子也只是一種無形的捆綁。

綜上所述，如果你想用奇蹟思維利益別人的話，那就只能抱持這樣一種心態：我可以把我的操練經驗分享給別人，但是我不會把別人的借鑑或不借鑑當真。

T-1.I.11.

本條原則可參考《告別娑婆》的「真祈禱與富裕」章節進行理解。真祈禱狀態可讓你不斷地加深你只是上主之子的信念，而且這種加深就屬於一種與上主的「貼近」和與上主的「交流」。所以，你是上主之子的信念會透過真祈禱而被不斷地加深，然後你才能更加警醒地走在操練奇蹟思維之路。

T-1.I.12.

1.以真寬恕為首的奇蹟思維只是一套思維模式。

2和3.奇蹟思維導向的奇蹟心境是一種心靈體驗，只是這種心靈體驗肖似於你活在上主天國之內的覺悟，所以奇蹟心境就是你能成為和體驗到的靈性層次的經驗。不過，如果你的自我意識認定世界為真，那你的感官就會感知到一個物質的形象世界，然後你的心靈就會體驗到匱乏、罪疚和恐懼等等「低層次」的心靈體驗。

當然，本條原則中的較低和較高也只是一種比喻，因為本原則中的較低層次和較高層次是沒有交點的。

T-1.I.13.

1和3.操練奇蹟思維是你人生最後一課的開始，也是這個世界將要被終結和消融的號角。因為操練奇蹟思維能縮短你在夢中覺醒的時間，而且它還能終結你過去曾經犯過的錯誤，並消融某一個錯誤會在未來重現。例如引子裡的事例，如果你作為那個老公，沒有按照奇蹟思維去行動，那在你的未來還是會出現相同內涵的事情，到時你必須重新選擇要不要換一套思維模式去處理那件事情。此外，即使是本次事件，它也是你過去曾經做過錯誤選擇的再一次重播——也就是說，你過去曾經選擇錯誤過，所以相同內涵的事情才又發生在了今天，並給了你一次重新選擇的機會。所以，操練奇蹟思維能在「現在」化解「過去」的一切，因而也解放了「未來」。

2.成為奇蹟心境是你在人生大夢中的最後一段心靈體驗，這也是世界將要被終結和消融的心靈體驗，並且奇蹟心境還能為你的「重生即覺醒」鋪路。覺醒經驗狀似是你從夢中回歸於上主的天國，狀似是你回到了時間開始之前，但是，當你在線性時間內成為平安的奇蹟心境之時，這種平安的心靈體驗確實是隨著時間一直向前的，然後這種平安會在你最後一次放下身體並回歸於天國的那一刻，轉變為天國內的安全無虞。最後，這種安全無虞又會陪伴著你這位聖子直到永遠的永遠。這就是本原則中一直「向前」的含義。

關於本條原則的更多內涵可以參考《告別娑婆》系列叢書。

T-1.I.14.

本條原則可以參考第4條 P245 和第5條 P245 原則理解。奇蹟思維和奇蹟心境為你的真相作證，你的真相也為奇蹟思維和奇蹟心境作保，而你對真相的信念也一定會來自你的內在。所以，這三個面向對你的自我意識會有很強的說服力。

只是你要注意一點，當你操練了奇蹟思維之後，當你獲得了奇蹟心境和平安境遇之後，你千萬不要使用這些「成就」來向別人索取什麼，你也不要使用這些「成就」去讓別人自責。更通俗地講，那就是你不要對別人說這樣的話：「要不是我操練奇蹟這麼多年，我們家能這麼太平嗎？」「我做了這麼多你做不出來的事情，你還鬧什麼？」因為這些話語代表你在用真相來交換幻相，而類似於這樣的話語也帶有很深的特殊性和犧牲感，所以也代表你已經把奇蹟思維和平安境遇當做一種能獲得其他幻相的籌碼了。

到這樣的境地，奇蹟思維和平安境遇就成為了你的怪力亂神。與此同時，你還會落入不以真理為基點的操練狀態，這個狀態就是失心狀態，這種失心狀態當然會對你的心靈產生破壞力了，因為它本身就是上主之子進入夢境之後的那種把創造大能轉化為營造幻相能力的始作俑者。

T-1.I.15.

本條原則是一種鼓勵。它鼓勵你要盡可能地在每一天都警醒自己並能在某些事情上操練奇蹟思維。時間對於你操練奇蹟思維的過程就是一種工具，它會在你回歸天國的那一刻消失掉。

T-1.I.16.

本條原則和第9條原則 P247 的注解相似，但可以再加一句：在人際關係中操練奇蹟思維會不斷地淨化你這位操練者的心靈，而你身邊的人也會因為你的操練而獲得更多的慰藉。然後，你的人際關係就會變得愈來愈和諧，最後你也會在人際關係中不斷地看到生機。

T-1.I.17.

奇蹟心境是一種一體性的、合一性的、無形無相的、平安的心靈體驗，它超越你眼前的這個世界並超越你的身體，它可以消融掉你的潛意識之內的罪和內疚，並消融你的潛意識。

你所有的心病和身體疾病都來自你的潛意識和你潛意識之內的罪和內疚，所以奇蹟心境具有療癒的力量。

T-1.I.18.

奇蹟思維和奇蹟心境是你這位操練者能給其他人的至高認定。你認定別人是什麼，你就會成為什麼，所以這就叫愛人如己。你可以參考引子事例的講述進行理解。

T-1.I.19.

在上主天國之內，你和無限靈性永恆一體，你們彼此也知道大家是一個生命，而且你們彼此還知道你們會永恆地活在上主之內——這就是上主之子活在天國內的覺悟，而奇蹟心境或真實世界就是最肖似於這個覺悟的心靈體驗了。所以，奇蹟心境也是超越時間且具有永恆屬性的。當然，這種永恆的屬性必須經過你親自操練才能得知。

T-1.I.20.

操練奇蹟思維並成為奇蹟心境，可以讓操練者認知到自己只是一種無形無相的心靈存在體，並會不斷地消融掉你潛意識之內的罪疚。這時候，你的心靈就會被不斷地療癒，直到最後，你會在線性時間的某一個瞬間覺醒於自己的真相。到那時候，你就會確認到：你只是上主之子，你只是一個靈性並活在上主之內的中心點上，你就是真理的祭壇。

T-1.I.21.

1.奇蹟思維是以真寬恕為首的，所以奇蹟心境的獲得離不開真寬恕思維模式。

2.在操練奇蹟思維的時候，必定要先操練出真寬恕思維，可是不論是你通過寬恕別人而寬恕了自己，還是你通過寬恕自己而寬恕了所有人，這都是把寬恕推恩於人，這也都代表了你已經領受了上主的寬恕。當然，領受了上主的寬恕只是一種人世間的文字表達，這個表達只代表上主切願你這位上主之子能早日從夢中醒來——所以，這種表達並不代表你和上主之間真的有某種距離和隔閡，因為你和上主從來就沒有分開過。

T-1.I.22.

1.這個世界只是你的潛意識投射出來的一個幻夢，包括你的眼睛、你的耳朵，也是被你的潛意識投射出來的，所以，你的眼睛只能看到幻覺，你的耳朵也只能聽見幻聲，這就是身體功能無法超越的界限，所以即便是陽光明媚的清晨，你的眼睛看到的也盡是虛無。在本條原則中，「黑暗」二字就代表了這個虛無的世界。然後本條原則還講述了一個常態化的經驗，那就是：當人們把這個虛無的世界當真的時候，就會認為這個虛無的世界之內可能會掩蓋著一些終極奧義，所以才會在這個世界中不斷地尋找。可是，在這個虛無的世界中你是不可能有所得的，這就是「追求但得不到」的核心內涵。當人們經常性地追求又得不到的時候，就會對世界產生一種不確定感和懷疑感，而恰恰就在這個時候，人們會很容易把奇蹟思維和奇蹟心境也歸類成另一個「追求但得不到」的奧義。到那時候，人們就會對奇蹟思維這套真正的智慧產生很多的猜測和疑慮，這就是本條原則中「恐怖的聯想」。

2.如果你相信這個世界是真實的，那你就會相信肉眼看不到的東西根本就不存在，這個認知就會讓你失去對真相的一切感知。

T-1.I.23.

本條原則的涵蓋範圍很廣，我建議你參考《告別娑婆》系列叢書和必讀信息進行理解。我簡易注解《奇蹟課程》的目的，只是為了最大化地降低你理解《奇蹟課程》的難度。除了這個目的之外，我的注解和建議沒有其他目的。

T-1.I.24.

1.當你操練所有的奇蹟思維到非常非常進階的境界（不論你是否覺醒），當求助你的病患對你的信任度極大的時候，你確實可以通過與病患最深層的心靈連接來治癒病患的身體疾病，甚或可以讓死者復活——因為是你夢到了眾生的生老病死，所以在你之內必定會有消除疾病和復活別人的能力。當然，本條原則講述的心靈狀態是非常進階的，這不是一般的操練者都能達到的（注：《告別娑婆》系列叢書已經對本條原則做出了最權威性的解釋）。

2和3.這兩段話是純一元的講述，你就是真正的奇蹟即上主之子，除了這個真相之外，其他的一切都不存在。所以，你只能在天國內和上主一同創造其他無限的靈性，而天國的一個面向就是澈底的光明。因此，你除了能在光明中創造其他一體性的光明靈性並會永享天國的極樂之外，你不可能做出任何其他的事情。

T-1.I.25.

本條的理解要抓住救贖這個辭彙來進行，救贖在本條原則中具有三個範疇的內涵：

①在你操練奇蹟思維的一路上，肯定會在某個瞬間感悟到所有人也已經寬恕了你，因為沒有一個人是活在天國之外的。到那時候，你就會感悟到你和所有人都只是一個一體性的奇蹟心境，所有人也已經被救贖了。當然，這種感受還會因為你接連不斷地操練奇蹟思維而不斷地出現。這就是救贖的一個面向。

②當你長期地、以身作則地操練奇蹟思維時，你的操練就會不斷地感染到身邊的人，然後在這一路上你也許還會為別人宣講奇蹟思維。到那時

候，因為你已經以身作則了，別人就很有可能會加入到操練奇蹟思維的隊伍中，進而獲得那同樣的奇蹟心境。這就是救贖針對線性時間和所有人的過程，所以說，在線性時間內，其他人會不斷地加入寬恕的行列，並會不斷地融合為同樣的奇蹟心境的態勢，就是救贖和環環相扣的另一個面向。

③不論是你自身的救贖（第1條），還是線性時間內所有人的救贖（第2條），這兩種救贖又都來自聖靈在你入夢的那一刻就已經完成的救贖，因為救贖之始源自於：在你入夢的那一刻，聖靈就與你一同進入了夢境，然後他即刻寬恕了你投射出來的一切，包括你投射出來的時間，然後他還把純潔無罪給到了一切之內，這就是聖靈早已經做完的事情。當聖靈完成了這件事情之後，祂就一直駐留在了你的心裡，並一直等待著你能在某一天去效法祂的思維模式。這就是救贖能運作在所有時間層次的道理和救贖的第三個廣義性面向。

T-1.I.26.

恐懼這個東西確實是如影隨形地跟隨著夢中的你的，所以這套奇蹟思維中有很多思維模式都是以化解恐懼為目的的。引子事例中的第五條操練就是化解恐懼的簡易版講述。

T-1.I.27.

1.第25條 P253 講述了聖靈的位置和作用，可聖靈的源頭還是上主，祂是被上主派遣到你的夢境中的，所以這套奇蹟思維的最終極源頭還是上主。因此，這套思維體系只是上主對於你的期許，祂期許你能早日從人生大夢中醒來，並且當你在操練這套思維體系的時候，你就是在為每一位聖子傳達著上主同樣的期許。

2.當你在操練這套以真寬恕為首的奇蹟思維的時候，你要以寬恕別人才能獲得自我寬恕的路線為重。因為在天國中，你這位上主之子就是在上主把祂的一切都給了你的時刻誕生的。所以，這套代表真理的思想體系就是以「給出即是擁有」為主軸的。

T-1.I.28.

人們在把世界當真的時候，恐懼是如影隨形的，所以把世界當真的思想體系即可以稱為小我，又可以稱為恐懼思想體系。奇蹟思維的作用，就是為了消融掉這套恐懼思想體系，但奇蹟思維終究也只是個工具，它的作用只是為了你的覺醒鋪路。所以，本原則中的「啟示」代表了覺醒經驗，而且你也會在未來的那個覺醒經驗中澈底明白一無所懼的所有內涵。

T-1.I.29.

1.奇蹟思維來自聖靈，聖靈又來自上主，所以當你在人世間操練奇蹟思維的時候，你就是在頌揚上主。

2.當你在操練奇蹟思維的時候，你一定會認定其他人也是上主之子，並會認定他們都是純潔無罪的，而純潔無罪即是完美無瑕，所以你的這種認定就是對上主和上主所有造化的一種頌揚。

3.奇蹟思維和奇蹟心境超越身體層次，並會治癒潛意識中的罪疚，而身體疾病又都來自潛意識中的罪疚，所以奇蹟思維有治癒心靈和身體的能力。

T-1.I.30.

操練奇蹟思維會讓你感知到：你和每一個人都是一種無形無相的、純潔無罪的概念體，而這種概念體的體驗狀態又肖似於靈性活在天國內的覺悟。所以，在你操練奇蹟思維的時候，你就是在不斷地加深自己只是一個抽象概念體的認知，而這種不斷地加深就是對天國的一種不斷「貼近」，而這種「貼近」就會促成你能在某一刻經歷覺醒經驗。當然，想從夢中覺醒並不是一朝一夕就能達到的，這確實需要韌性和時間才能完成。

本條原則中的調整知見層次和本末先後還是建議你參考《告別娑婆》系列叢書進行理解。

T-1.I.31.

1和2.在操練奇蹟思維的時候，不論你是通過寬恕其他人來獲得自我寬恕，還是通過寬恕自己而寬恕所有人，這些都是以其他人和你一起被寬恕作為基點的。所以，當你寬恕其他人並給予他們純潔無罪的時候，你要深知，如果不是因為兄弟們的這些虛幻形象，你是無法操練出真寬恕和給出純潔無罪的，是故你應該對兄弟們的幻相和真相一併感恩，這就是本原則中的感恩之情。又因為兄弟們的真相也是上主之子，所以你和他們的真相是「平級」的，因此你不用對他們感到有所敬畏——「敬畏」這個辭語只能用在所有靈性的共同創造者上主身上。所以，你應該因為你和兄弟們的本來面目而感謝上主。

3.一體性的奇蹟心境就是在肯定上主之子們的純潔無罪，而純潔無罪是具有神聖屬性的。可是，當你還沒有操練奇蹟思維的時候，你是不會看到你和所有人的神聖性的。不過，這種看不到也只是暫時的，因為你的夢境註定是有終點的。當然，從夢裡醒來得快和慢確實是你自己決定和選擇的。

T-1.I.32.

1.你就是那個能操練奇蹟思維並能成為奇蹟心境之人，當你在人際關係中以身作則地操練奇蹟思維的時候，你就是在為別人展現你們共同的真相，那麼別人也一定會從你的展現中受到感染。這就是代禱的含義。

2.奇蹟心境肯定你的神聖性，奇蹟思維則是小我思維體系的替代。

3.奇蹟心境是一種心靈體驗，它超越了你能在這個世界上擁有的任何一種心靈體驗。

4.你這個活在天國內的靈性永遠是完美無缺並永恆極樂的。

T-1.I.33.

本條原則首先把奇蹟思維和奇蹟心境做了擬人化處理：

1.因為你是可愛可敬的上主之子，所以奇蹟思維和奇蹟心境才一直等待著你並願意為你效勞，這就是它們對你的敬意。

2.它們可以幫你消融掉你的自我意識，並能幫你找到你之內的真理之光，因為天國的一個面向就是純粹的光明，而奇蹟心境也具有光明屬性。

3.奇蹟思維可以改變你的錯誤思維，並會讓你從夢中覺醒。

4.奇蹟思維可以把幻相世界對於你的牽制全部解除。與此同時，你的心靈還能體驗到上主的平安。

T-1.I.34.

你可以參考引子事例來理解奇蹟思維和奇蹟心境為什麼是一道完美的防護。

T-1.I.35.

本條原則可以參考第1條原則 P242 進行理解，然後，本條原則還強調了奇蹟思維只是一種無形無相的思維模式，奇蹟心境也只是一種肉眼看不到的心靈體驗，所以它們不是昭然若揭的。

T-1.I.36.

奇蹟思維對於認定夢境為真的上主之子來說當然是最正確的思維模式了，所以奇蹟思維可以調整你這位聖子的一切錯誤知見，然後奇蹟心境還肖似於上主之子活在天國內的覺悟。

T-1.I.37.

本條原則可以參考必讀信息進行理解，必讀信息不但講述了如何使用奇蹟思維來分解錯誤思維，它還講述了你要如何正確地組合各種奇蹟思維來處理某個具體問題，而這些講述還可以被你舉一反三地操練在類似的人生場景中。

本原則中的第4句是說，當你的思維和心靈經過長時間的鍛煉之後，你才會覺醒於真相。

T-1.I.38.

本條原則可以參考第25條 P253 和第27條 P254 原則進行理解。

T-1.I.39.

1.奇蹟思維可以化解一切的錯誤思維，而奇蹟思維和奇蹟心境全都出自於聖靈。

2.幻相世界代表了黑暗，奇蹟心境則代表了驅散黑暗的光明。

T-1.I.40.

當你在人際關係中操練奇蹟思維的時候，你就是在肯定每個人都是那一體性的、純潔無罪的、抽象的概念，而抽象則代表無處不在。所以，在你操練的時候，你會感知到上主的天國也是如此抽象且是無處不在的。

T-1.I.41.

奇蹟心境是合一性的，而合一性則代表了整體性，而整體性又代表個體性是虛幻的。所以，當你的個體性被奇蹟心境代替的時候，你就會發現，個體性才是匱乏感的罪魁禍首。

T-1.I.42.

本條原則的含義與上一條原則的含義沒有很大區別。

T-1.I.43.

本條原則的簡易注解：你可把本條原則中的奇蹟理解為平安境遇。

奇蹟思維會把心靈導向奇蹟心境（奇妙的心境），奇蹟心境會顯化出奇蹟般的平安境遇，這種境遇一般都是出乎意料之外且皆大歡喜的。本條原則建議參考〈需求與交託（下半部分）〉P064 進行理解。

T-1.I.44.

在天國中，你和無限數量的靈性都同活在一個上主之內，聖靈也與你們同在，這就叫做你的基督自性（注：天國中的聖靈即是所有靈性的同一個「心靈」）。完全體的奇蹟心境和真實世界又肖似於你的基督自性，所以你成為完全體的奇蹟心境，或者成為真實世界都代表你已經肯定你的基督自性。

T-1.I.45.

1.當你誤認為自己離開天國並入夢的那一刻，聖靈就被上主派遣到了你的夢中，然後聖靈就寬恕了你夢到的一切，並創造出了一個與夢境世界截然不同的心靈世界：真實世界。當聖靈完成了這步之後，祂就駐留在了你的心中，並耐心地等待著你能在某一天去效法祂的思維模式。這就是奇蹟思維和奇蹟心境永不失落的道理。

2.本條原則的第二句有兩種含義：

①當你針對某一個人操練奇蹟思維的時候，聖靈會幫你去修正那個人的某些錯誤思維成為正面性的。然後，因為那個人的思維成了正面性的，那他的這種正面性的思維就會在某時某刻感染到他身邊那些你不認識的人。通俗地講就是，你對A操練了奇蹟思維，A的思維意識就會發生正面性地改變，而這個改變又能影響到A的朋友B，B又能影響到C。這就是本原則第二句話的一個內涵。

②你投射出來的這個世界和世界中的眾生，都只是你潛意識之內罪疚的一種呈現，這種呈現也可以說成是你心靈疾病的一種外在病症。當你操練奇蹟思維的時候，你就是在療癒潛意識中的罪疚和它的外在病症，而且你的操練對世界中的每一個人都具有療癒的作用。這種作用具體來說就是，你的操練能縮短所有人從夢中醒來的時間。舉一個例子說明：

你是一個剛開始操練奇蹟思維的學員，你是個印度人，在世界的另一頭有一個巴西人，他和你並不認識，而且他這輩子本來就不會學習《奇蹟課程》，他也不會與你相識。但是，因為你常年地操練奇蹟思維並成為奇蹟心境，那麼你的操練就會不斷地影響和改變世界中的所有人（只不過這種影響和改變是不能在短期內或用肉眼看到的，因為這種改變隸屬心靈層次）。

然後，有那麼一天，那個巴西人在冥冥中就感悟到他此時此刻該去追求一些真理性的東西了，然後他就進入了某一個靈修領域，並在幾年之後碰到了《奇蹟課程》。最後，在某一個奇蹟聚會上，你就與他相識並成為了朋友。

我講述的這個例子雖然比較粗糙、不精細，但卻完全可以表達出本條原則的內涵。此外，本條原則的所有內涵在《告別娑婆》系列叢書中也有很多講解，你可以自行參考。

T-1.I.46.

聖靈一邊與上主一體，一邊又進入了你的夢境來完成喚醒你的工作，所以聖靈是你和上主之間的交流媒介，包括聖靈的這套奇蹟思維和祂為你準備好的真實世界，這些也都是你和上主的交流媒介。不過，這些交流媒介只是你覺醒於上主的工具，當你覺醒之後，工具就會失去意義。

T-1.I.47.

1和3.奇蹟思維導向的奇蹟心境是超越時間並具有永恆性的，而且奇蹟心境是從時間之外輻射線性時間領域的。也就是說，不論你何時操練奇蹟思維，奇蹟心境永遠是一樣的，所以奇蹟心境可以讓你理解時間也只是一個工具。當然這種理解也是需要一個操練過程的。

2.本條原則和本條原則的第二句話需要使用《告別娑婆》中的一個具體案例來進行簡易講解，這個案例就是葛瑞躲避車禍的那次經歷。

在《告別娑婆》中，白沙告訴葛瑞，就是因為你常年地操練了真寬恕，你才能在那天選擇了晚退場的那部電影，而且你也寬恕了那個電影不好看並最終耐心地看完，這樣你才躲過那天的車禍。

這個事件講述的內涵是：當你在不斷地操練奇蹟思維的時候，你潛意識中很多舊有的內疚就會被不斷地消融掉，內疚的消融又會導致逆境的消失。而與此同時，聖靈還會在你心中運作並會賜予你一些正確的處事靈感，而這些靈感又能促成你在行為和選擇上的改變。最後，這些改變又會展現出一個平安的人生境遇被你經歷，這就是葛瑞躲過車禍的內涵。

另外，這個內涵還可以進一步地擴展到輪迴因果中。這裡還是用葛瑞躲過車禍的事情舉例說明：

雖然葛瑞躲過車禍看似是這輩子操練了真寬恕造成的，可是聖靈賜予葛瑞的靈感卻不僅僅是在他選擇電影的時候——因為按照輪迴因果觀來說，葛瑞這輩子的車禍是與上輩子的某些事件有關的。

假設葛瑞上輩子是一個西部牛仔，這個牛仔曾經在騎馬的時候撞傷過別人，然後這個牛仔很內疚，而這個內疚就會造成葛瑞這輩子要經歷一次車禍。可是，葛瑞在這輩子操練了真寬恕，那聖靈就不會只進入葛瑞的心內並給予他靈感了，因為聖靈還會進入牛仔的心中，並會賜予牛仔一些正確的靈感來轉變他撞傷人的內疚。

這時候，聖靈的運作是同時同步地在葛瑞的兩輩子之間完成的。當聖靈同時賜予葛瑞和牛仔靈感之後，牛仔就不會過於內疚了，葛瑞的車禍經歷也就消失了。

更通俗地講：葛瑞這輩子如果沒有操練真寬恕，那他肯定要經歷車禍，而他的上輩子（那個牛仔）也一定是一個在撞傷別人之後很內疚的人。

可是，如果葛瑞這輩子操練了真寬恕，那他就一定能躲過車禍，因為聖靈不但會賜予葛瑞選擇電影的靈感，他還會同時進入到那個牛仔的心中，並會賜予牛仔一些正確的靈感來消融內疚。

這就是聖靈改變你人生經歷的手段和運作模式，只不過這種手段和運作模式是很難被你的自我意識感知到的，它可以說是你自我意識的一個盲區。所以，聖靈在《告別娑婆》中直接點明了這個運作模式，這樣你就可以理解到，你未來的人生經歷是會因為你不斷地操練奇蹟思維而被不斷改變的，而你前幾輩子看事情的眼光和心態也會因為你這輩子的操練而被不斷地調整。這就是本原則第二句話的大體內涵。

最後，聖靈的這種超越時空並同時同步賜予你靈感的運作模式，也代表了你的所有輪迴和你的每一次人生都是同時發生的，因為時空本來就是一個全息式的幻相，線性時間也只是你自我意識的一個錯覺。

T-1.I.48.

1.時間的本質就是苦。因為時間和幻相世界是一體綁定的，而時間和空間對於你這位上主之子來說，又好似一個虛幻的牢籠，所以能不能擺脫這個牢籠，就看你這位聖子何時能操練這套奇蹟思維了。

2.啟示經驗和覺醒經驗都具有真正的永恆屬性。啟示經驗的描述可以參考《告別娑婆》，至於覺醒的經驗，既不能用語言描述也無從參考，我這位講述者也奉勸你這位讀者，即便你在未來的某一天覺醒了，也不要把覺醒的詳細體驗和過程描述給任何人。因為如果你對別人描述了覺醒的經驗，那別人就很有可能會在未來的某一天對你說：「你那個經驗不是覺醒，我剛才經歷的那個經驗才是覺醒。」這時候，你就會發現你過去對別人描述覺醒經驗的事情是會產生負面作用的。

T-1.I.49.

本條原則可以參考引子事例或是全面的參考必讀信息來進行理解。

T-1.I.50.

奇蹟思維可以寬恕一切虛妄之物，奇蹟心境又與上主的天國肖似，你的覺醒即在其中。